Vicens Vives
Educación Secundaria

Aula3D

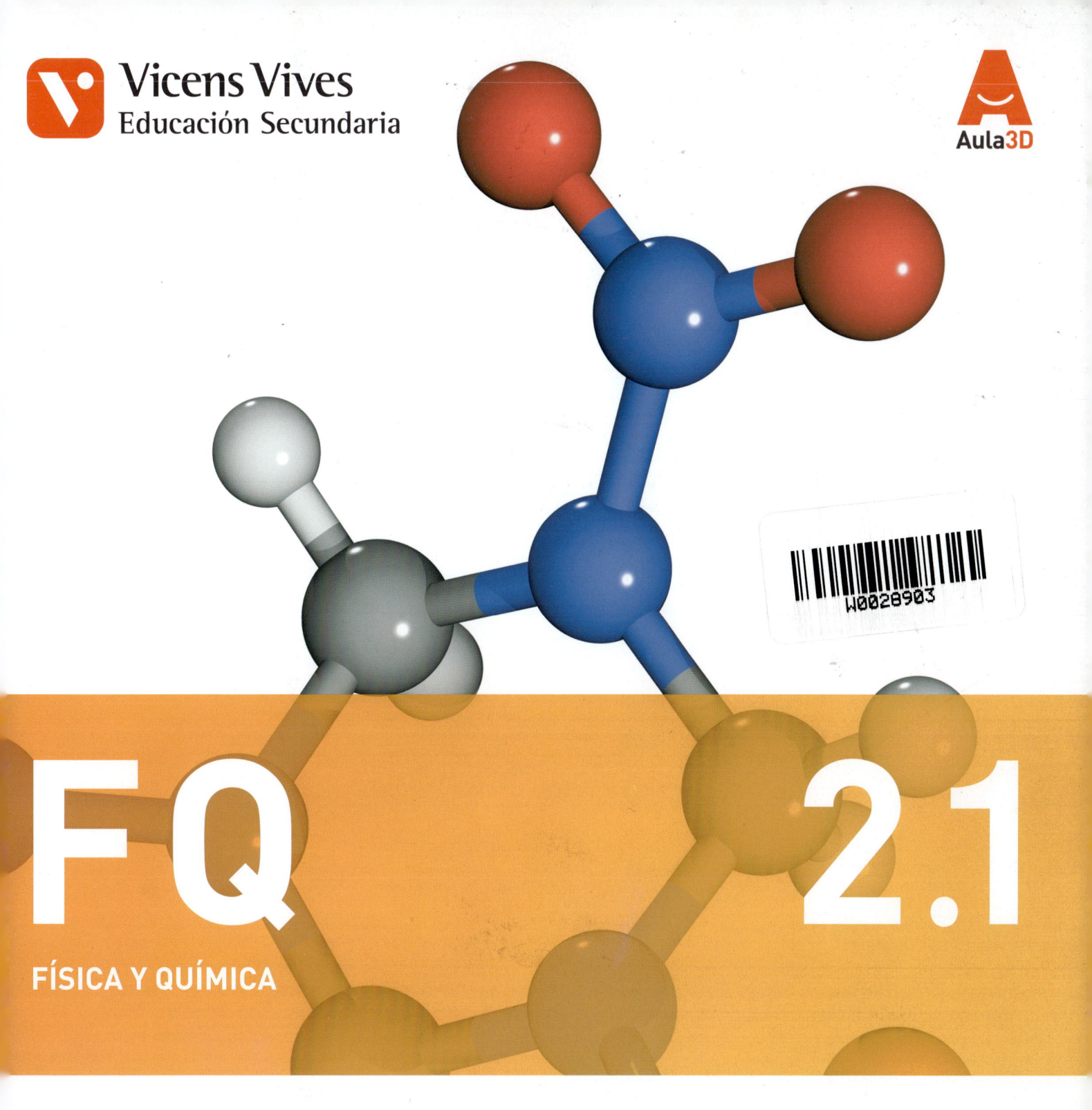

FQ
FÍSICA Y QUÍMICA

2.1

Á. Fontanet Rodríguez
Catedrático de Física y Química de IES

M.ª J. Martínez de Murguía Larrechi
Catedrática de Física y Química de IES

Índice

¿Cómo es este libro?

Las actividades del libro están clasificadas según los procesos cognitivos que trabajan:

Conocer: en estas actividades los alumnos/as trabajan directamente el contenido.

Aplicar: estas actividades relacionan el contenido trabajado con los conocimientos previos del alumnado y con el entorno, es decir, que trabajan con el contexto.

Razonar: el objetivo de estas actividades es que el alumno/a reflexione, explique y razone los porqués de sus respuestas.

Las actividades con el símbolo ✅ están diseñadas para evaluar el nivel de logro de los estándares de aprendizaje.

Competencias clave

 Comunicación lingüística

Competencia matemática y competencias básicas en ciencias y tecnología (en este libro solo se indica la matemática porque las de ciencias y tecnología son las propias del área)

Aprender a aprender

Conciencia y expresiones culturales

Sentido de iniciativa y espíritu emprendedor

Competencias sociales y cívicas

@ Competencia digital

- Las actividades contenidas en este libro han de realizarse en un cuaderno aparte.
- Los espacios incluidos en las actividades son meramente indicativos y su finalidad es didáctica.

Cómo se estructura este libro

INTRODUCCIÓN

Título y pregunta de carácter general, que constituye el centro del tema.

Fotografía que ilustra los aspectos más relevantes del tema.

Introducción motivadora que presenta la materia que se va a estudiar.

Actividades destinadas a repasar algunas nociones previas y a plantearse cuestiones sobre su contenido.

Contenidos del tema.

CONTENIDOS DEL TEMA

Los temas están estructurados en apartados y subapartados.

Mapas, fotos, esquemas, dibujos, gráficos... que ilustran el contenido.

Documentos que amplían o complementan contenidos.

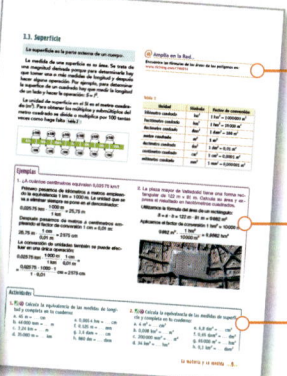

@ Amplía en la Red...
con actividades de acceso a Internet.

Ejemplos resueltos que ofrecen un gran apoyo para la comprensión y el aprendizaje.

Actividades orientadas a trabajar las competencias básicas.

PÁGINAS MONOGRÁFICAS

DESCUBRE

Páginas para profundizar aspectos destacados del tema. Incluyen actividades de comprensión y competenciales.

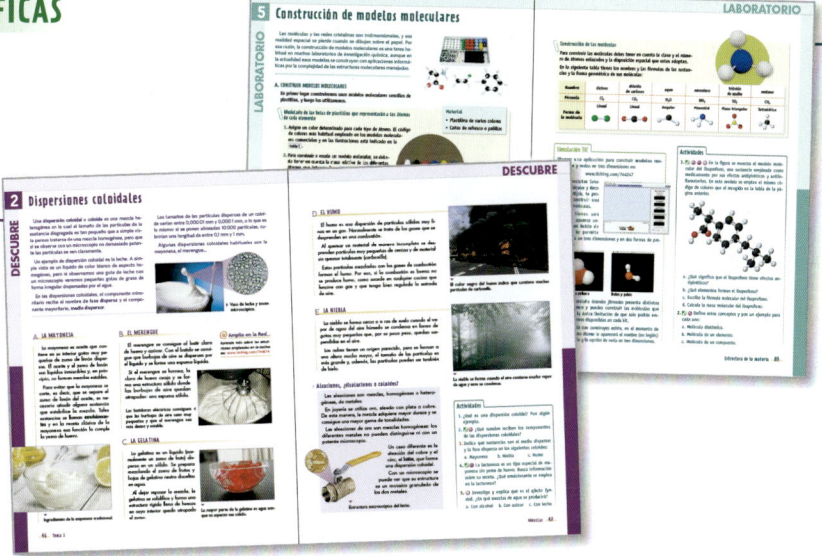

LABORATORIO

Las actividades experimentales han sido cuidadosamente seleccionadas por su interés didáctico y han sido comprobadas para asegurar el resultado.

PÁGINAS FINALES

Actividades para practicar las competencias científicas y que ayudan a afianzar los contenidos aprendidos en este tema.

Actividad para sintetizar el contenido del tema.

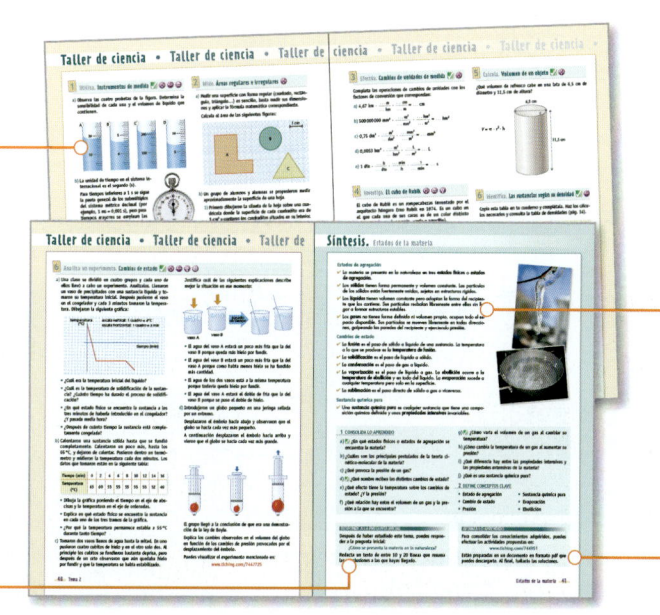

Resumen de los principales contenidos del tema. Se complementa con actividades que también son de síntesis y con una actividad para consolidar el vocabulario.

Afianza lo aprendido.
Propuesta de autoevaluación.

1 LA MATERIA Y SU MEDIDA

¿Por qué es importante la medida en ciencia?

Para realizar trabajos científicos se emplea una gran variedad de instrumentos de medida: balanzas, cronómetros...

En la actualidad, la mayoría de las personas pueden explicar sin demasiadas dificultades muchos fenómenos comunes de la naturaleza como, por ejemplo, por qué hay noche y día, por qué las cosas caen, por qué llueve o qué son los rayos y los truenos. Sin embargo, hasta no hace tanto tiempo esos fenómenos eran auténticos misterios a los que se intentaba dar respuesta con mitos y leyendas.

Los conocimientos que ahora tenemos son el fruto acumulado del trabajo de muchos científicos y científicas que no se limitaron a formularse preguntas sino que, para satisfacer su curiosidad, se esforzaron por encontrar respuestas razonables y bien fundamentadas a las mismas, y para ello aplicaron procedimientos de investigación basados en la observación, la medida y la experimentación.

¿Qué sabemos?

La investigación científica se fundamenta en la medida, pero medir no es una tarea exclusiva de la ciencia. Tú mismo empleas habitualmente muchos aparatos de medida sin ni siquiera pensar en ello.

- Uno de los aparatos de medida más habituales es el reloj. Describe situaciones de la vida cotidiana en las que lo utilices.

- Seguro que en tu casa hay muchos relojes porque bastantes electrodomésticos llevan uno incorporado, pero ¿sabrías encontrar otros aparatos de medida? Haz un listado de esos aparatos y lo que se puede medir con ellos.

¿Qué aprenderemos?

- En qué consiste el método científico.

- Qué propiedades de la materia se pueden medir y cómo se expresan las medidas.

- Cuáles son las unidades de medida más utilizadas y qué magnitudes miden.

- Qué elementos importantes encontramos en cualquier laboratorio y qué medidas de seguridad debemos tomar.

1 El trabajo científico

Todas las personas nacemos científicas porque la curiosidad es innata en el ser humano.

Los niños y las niñas comienzan la exploración del entorno prácticamente desde su nacimiento; pero a partir de los 3 años, cuando ya manejan el lenguaje con soltura, empiezan a plantearse preguntas sin cesar: ¿Por qué llueve? ¿Por qué el hielo es frío? ¿Por qué las hojas son verdes? ¿Por qué hay día y noche? ¿Por qué...?

La ciencia la desarrollan personas con interés por comprender la realidad que nos rodea, que amplían los límites del conocimiento o le buscan aplicaciones.

En el trabajo científico actual la formación de equipos es básica.

A EL DESARROLLO DE LA CIENCIA

El físico y químico inglés Henry Cavendish es el ejemplo de científico solitario. Pasó casi 60 años dedicado a la investigación científica y algunos de sus descubrimientos no se publicaron hasta un siglo más tarde.

La realidad de la ciencia es actualmente muy distinta.

La ciencia suele basarse en proyectos colaborativos que implican a diferentes instituciones (empresas, universidades…), frecuentemente internacionales, y con equipos formados por especialistas de diferentes campos.

Además, la ciencia no parte de cero: cada persona contribuye a todo el conocimiento ya acumulado.

▶ Las mujeres científicas

Durante siglos, el trabajo científico se consideró exclusivo de los hombres, y las mujeres ejercieron el papel de simples ayudantes. Sin embargo, en la actualidad podemos nombrar científicas con grandes aportaciones a la ciencia como:

- Marie Curie. Teoría de la radiactividad.
- Lise Meitner. Radiactividad y física nuclear.
- Irene Joliot-Curie (1897-1956). Radiactividad artificial.
- Rita Levy. Factores de la reproducción celular.
- Maria Goeppert-Mayer (1906-1972). Modelo nuclear de capas.
- Dorothy Crowfoot Hodgkin (1910-1994). Estructura tridimensional de muchas sustancias.
- Lynn Margulis. Teoría de la endosimbiosis seriada.
- Ada Yonath (1939). Estructura de los ribosomas a nivel atómico.

Estas grandes científicas han abierto caminos para que las mujeres desempeñen las mismas funciones que los hombres en investigación científica.

Algunos grandes científic@s

Isaac Newton

(1643-1727)

Unifica la física terrestre y la celeste.

Henry Cavendish

(1731-1810)

Descubre el hidrógeno y descompone el agua.

Charles Darwin

(1809-1882)

Teoría de la selección natural y el origen de las especies.

Marie Curie

(1867-1934)

Pionera en el estudio de la radiactividad.

Lise Meitner

(1878-1968)

Descubre, con otros, la fisión nuclear.

Albert Einstein

(1879-1955)

Teoría de la relatividad.

Rita Levy

(1909-2012)

Descubre los factores de crecimiento.

Lynn Margulis

(1938-2011)

Simbiosis como factor de la evolución.

Stephen Hawking

(1942)

Singularidades de la relatividad general.

Joan Massagué

(1953)

Investigador del cáncer y la metástasis.

B EL MÉTODO CIENTÍFICO

No existe un único método de trabajo científico. Algunas disciplinas científicas se centran más en la observación y otras en la experimentación.

Pese a todo, cabe identificar en el trabajo de los científicos y las científicas algunas tareas comunes que dibujan una manera particular de investigar, el llamado **método científico**.

@ Amplía en la Red...

Aprende más sobre la teoría de Álvarez en: www.tiching.com/744779

Observa una simulación del impacto de un asteroide en: www.tiching.com/744780

▶ Principales etapas del método científico

1. Plantear el problema

Una observación se puede convertir en un problema que se debe resolver si plantea interrogantes del tipo: ¿Por qué? ¿Cómo?...

→ Los dinosaurios poblaron la tierra durante millones de años, pero hace unos 65 millones de años se extinguieron ¿Por qué se extinguieron los dinosaurios?

2. Formular una hipótesis

Una hipótesis es una respuesta plausible al problema. Bien formulada, permite buscar pruebas que la validen.

→ El geólogo W. Álvarez propuso en 1981 que la extinción fue causada por la caída de un meteorito de grandes dimensiones que provocó grandes cambios en el clima.

3. Buscar pruebas

La pruebas que validen la hipótesis se pueden encontrar por dos vías:

- **Trabajo de campo**. Observación en el medio natural.
- **Experimentación**. Se llevan a cabo ensayos en los laboratorios en condiciones controladas.

→ Si un meteorito tan grande chocó con la Tierra, debería quedar alguna prueba del impacto, ya sea en forma de restos del meteorito pulverizado o de un cráter de grandes dimensiones.

4. Analizar resultados y emitir conclusiones

Los resultados de la búsqueda de pruebas conducen a emitir una conclusión sobre la validez de la hipótesis.

→ En el registro geológico hay una franja muy delgada de arcilla que marca el límite de estratos con fósiles de dinosaurios. El análisis químico de esa arcilla indicó que contenía una gran concentración de iridio, un metal raro en la Tierra pero no en algunos meteoritos.
Por otro lado, en 1990 se localizaron en la península del Yucatán (México) los restos de un cráter de 180 km de diámetro que fue datado en unos 65 millones de años antigüedad.

Actividades

1. 🟩🔤🏛 Comenta qué crees que quería decir el físico Isaac Newton con la siguiente frase:

"He sido como un niño pequeño que, jugando en la playa, encontraba de tarde en tarde un guijarro más fino o una concha más bonita de lo normal. El océano de la verdad se extendía, inexplorado, delante de mí".

2. 🏛@ Busca información sobre las personas retratadas en la pág. 4 y sus principales méritos científicos.

3. 🔵🔀 ¿Se te ocurre alguna investigación que solo se pueda estudiar por observación y descripción del fenómeno? ¿Y alguna que solo se pueda estudiar por experimentación?

2 La materia y su medida

2.1. La materia

El objeto de estudio de las ciencias de la naturaleza es la materia.

Todo lo que te rodea es materia: el agua, las rocas, el aire… tú mismo. Y esa materia puedes percibirla directamente mediante los sentidos o con la ayuda de instrumentos que amplían nuestros sentidos [fig. 1].

> La **materia** es todo aquello que ocupa un lugar en el espacio y tiene masa.

Fig. 1 Los microscopios amplían nuestro sentido de la vista y nos permiten ver cosas más pequeñas.

2.2. Magnitudes físicas

Algunas de las características de la materia son fáciles de describir porque son objetivas y medibles [fig. 2].

> Una **magnitud física** es cualquier cualidad de la materia que se pueda medir, como ocurre con la masa o las dimensiones de un cuerpo.

Las propiedades de la materia que son subjetivas o no se pueden medir no son magnitudes.

Fig. 2 Las dimensiones y la masa del trozo de pastel puedes medirlos con una regla y una balanza, pero es imposible que midas lo rico que está porque esa característica del pastel es una apreciación subjetiva.

2.3. La medida

Para medir una magnitud es necesario primero establecer como referencia de comparación una parte de esa misma magnitud, parte que se denomina **unidad**.

La acción de **medir** es comparar lo que medimos con la unidad y decir el número de veces que el valor de la magnitud que estamos midiendo contiene dicha unidad [fig. 3].

Una medida se expresa por un número seguido de la unidad o el símbolo de la unidad con la que se ha realizado la medida:

tres kilogramos = 3 kg

Los nombres de las unidades se escriben en minúscula

Cada unidad tiene un símbolo propio

En ocasiones verás que las medidas con muchos ceros se escriben de otra manera más abreviada:

- $3\,200\ m = 3,2 \cdot 10^3\ m$
- $3\,180\,000\,000\ kg = 3,18 \cdot 10^9\ kg$
- $50\,000\ L = 5 \cdot 10^4\ L$
- $932,4\ m^2 = 9,324 \cdot 10^2\ m^2$

Este tipo de notación recibe el nombre de **notación científica** y se utiliza mucho porque, como puedes ver, facilita la expresión de las cantidades muy grandes.

Fig. 3 Cuando decimos que la masa de un gato es de *3 kilos* significa que su masa equivale a tres veces una masa que arbitrariamente se ha establecido como patrón y que llamamos kilogramo.

2.4. Sistema de unidades

Antiguamente se empleaba una gran variedad de unidades mal definidas y con variaciones locales. Sin embargo, para favorecer la actividad comercial y la comunicación científica, es necesario emplear unidades de referencia que estén claramente definidas y que no presenten variaciones.

En la actualidad se ha generalizado en ciencia y tecnología el llamado **sistema internacional de unidades (SI)**, que consta de siete **unidades básicas** tabla 1.

El resto de unidades se definen por combinación de las básicas y por eso se llaman **unidades derivadas**. Por ejemplo, la unidad de superficie, el metro cuadrado (m^2), y la unidad de volumen, el metro cúbico (m^3), son unidades derivadas.

Tabla 1

MAGNITUDES Y UNIDADES BÁSICAS (SI)		
Magnitud	**Unidad**	**Símbolo**
Longitud	metro	m
Masa	kilogramo	kg
Tiempo	segundo	s
Temperatura	kelvin	K
Intensidad de corriente	amperio	A
Cantidad de sustancia	mol	mol
Intensidad luminosa	candela	cd

Escritura de los símbolos de las unidades

Los símbolos de las unidades del SI se escriben con minúsculas, excepto aquellos que derivan de nombres propios, que se escriben con mayúsculas.

Los símbolos representan las unidades, pero no son abreviaturas de sus nombres, por lo que no es correcto escribirlos con punto final ni en plural:

☑ 3 kg   ☒ 3 Kg   ☒ 3 kg.   ☒ 3 kgs.

Sistema anglosajón de unidades

Estados Unidos es el único país industrializado que tiene un sistema de medidas oficial diferente del SI, aunque en otros países anglosajones como el Reino Unido se emplean unidades propias de manera cotidiana.

Aun así, en los ámbitos científico y técnico se utiliza el SI por su simplicidad, su facilidad de conversión y su aceptación mundial.

Observa la equivalencia entre algunas de las unidades más conocidas y el SI:

1 libra = 0,453 592 37 kg

1 yarda = 0,914 4 m   1 pulgada = 2,54 cm

1 pie = 30,48 cm   1 milla = 1,609 km

• ¿Qué longitud, expresada en kilómetros, indica el cartel de la derecha?

Actividades

1. Indica cuáles de estas propiedades son magnitudes:

   Longitud, sabor, velocidad, bondad, tristeza, volumen, temperatura, tiempo, inteligencia y sentido del humor.

2. 🖊️🔤🖩 ¿Qué es el SI? ¿Qué ventajas aporta que haya un sistema internacional de unidades?

3. 🔤 ¿Qué diferencia hay entre una unidad básica y una derivada? Pon un ejemplo de cada clase.

4. 🖊️ La distancia entre dos poblaciones es de 25 km. Explica por qué las siguientes afirmaciones son falsas:

   a. La distancia no es una magnitud fundamental.

   b. El kilómetro es una unidad derivada de kilo y metro.

   c. Escribir 25 kms es la manera abreviada de indicar esta distancia.

   d. Ambas poblaciones distan 25 kilos.

3 Longitud y superficie

3.1. Longitud

La **longitud** es la magnitud física que expresa la distancia entre dos puntos.

La unidad de longitud en el SI es el **metro** (m), pero en ocasiones resulta útil emplear múltiplos o submúltiplos de dicha unidad [tabla 1].

Los múltiplos y los submúltiplos se basan en el sistema métrico decimal, de modo que el factor multiplicador entre uno y el siguiente es 10:

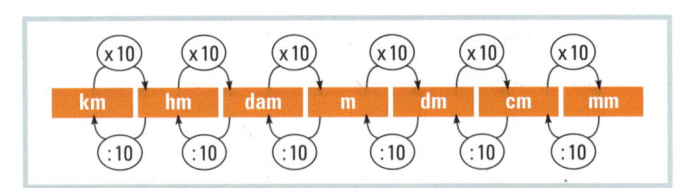

Por ejemplo, para medir grandes distancias utilizamos el kilómetro, un múltiplo que equivale a 1 000 metros, y para medir longitudes muy pequeñas empleamos el milímetro, un submúltiplo que equivale a una milésima de metro [fig. 1].

▼ [Fig. 1] La longitud es una magnitud básica y se mide con reglas, flexómetros, cintas métricas... Los postes kilométricos indican distancias entre ciudades.

3.2. Conversión de unidades

Para transformar una unidad en otra mediante factores de conversión se sigue este procedimiento:

– Se pasa la unidad que se va a transformar a la unidad principal de referencia (metro, metro cuadrado...) mediante el correspondiente factor de conversión.

– Se pasa de la unidad principal a la unidad deseada mediante otro factor de conversión.

Tabla 1

Unidad	Símbolo	Factor de conversión
kilómetro	km	1 km = 1 000 m
hectómetro	hm	1 hm = 100 m
decámetro	dam	1 dam = 10 m
metro	**m**	**1 m**
decímetro	dm	1 dm = 0,1 m
centímetro	cm	1 cm = 0,01 m
milímetro	mm	1 mm = 0,001 m

Sensibilidad de una regla

La **sensibilidad** es el valor de la división más pequeña que hay en la escala graduada de un instrumento de medida.

En el caso de las reglas escolares, suele ser de 1 mm. Los instrumentos digitales acostumbran a tener una sensibilidad más alta.

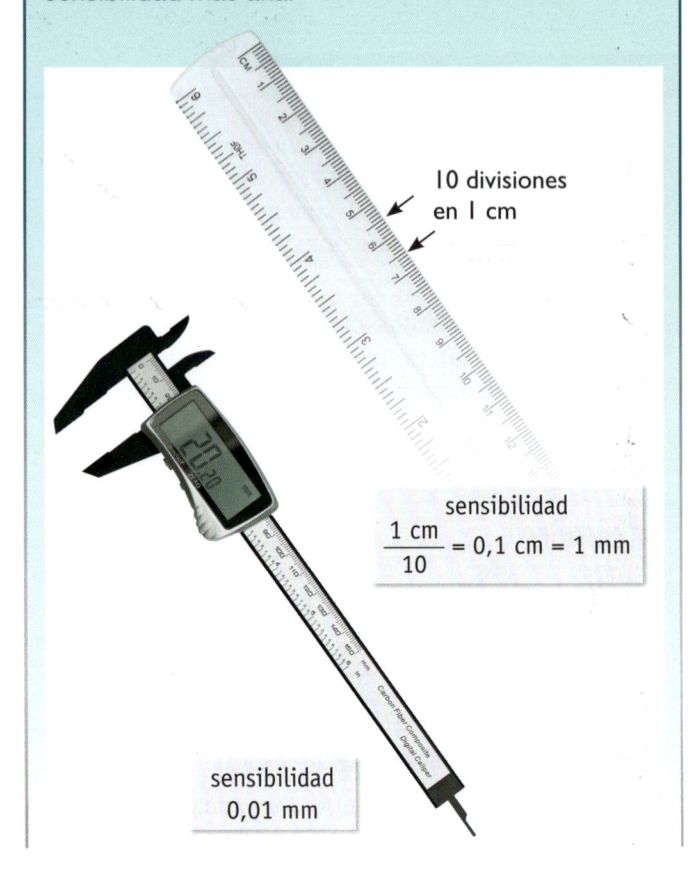

10 divisiones en 1 cm

sensibilidad
$$\frac{1\ cm}{10} = 0,1\ cm = 1\ mm$$

sensibilidad
0,01 mm

3.3. Superficie

La **superficie** es la parte externa de un cuerpo.

La medida de una superficie es su área. Se trata de una magnitud derivada porque para determinarla hay que tomar una o más medidas de longitud y después hacer alguna operación. Por ejemplo, para determinar la superfice de un cuadrado hay que medir la longitud de un lado y hacer la operación: $S = l^2$.

La unidad de superficie en el SI es el **metro cuadrado** (m^2). Para obtener los múltiplos y submúltiplos del metro cuadrado se divide o multiplica por 100 tantas veces como haga falta ⏍tabla 2⏍:

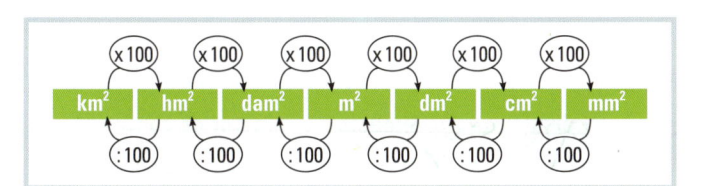

@ Amplía en la Red...

Encuentra las fórmulas de las áreas de los polígonos en:
www.tiching.com/746814

Tabla 2

Unidad	Símbolo	Factor de conversión
kilómetro cuadrado	km^2	$1\ km^2 = 1\,000\,000\ m^2$
hectómetro cuadrado	hm^2	$1\ hm^2 = 10\,000\ m^2$
decámetro cuadrado	dam^2	$1\ dam^2 = 100\ m^2$
metro cuadrado	m^2	$1\ m^2$
decímetro cuadrado	dm^2	$1\ dm^2 = 0,01\ m^2$
centímetro cuadrado	cm^2	$1\ cm^2 = 0,000\,1\ m^2$
milímetro cuadrado	mm^2	$1\ mm^2 = 0,000\,001\ m^2$

Ejemplos

1. ¿A cuántos centímetros equivalen 0,025 75 km?

Primero pasamos de kilómetros a metros empleando la equivalencia 1 km = 1 000 m. La unidad que se va a eliminar siempre se pone en el denominador:

$$0,025\,75\ \cancel{km} \cdot \frac{1\,000\ m}{1\ \cancel{km}} = 25,75\ m$$

Después pasamos de metros a centímetros empleando el factor de conversión 1 cm = 0,01 m:

$$25,75\ \cancel{m} \cdot \frac{1\ cm}{0,01\ \cancel{m}} = 2\,575\ cm$$

La conversión de unidades también se puede efectuar en una única operación:

$$0,025\,75\ \cancel{km} \cdot \frac{1\,000\ \cancel{m}}{1\ \cancel{km}} \cdot \frac{1\ cm}{0,01\ \cancel{m}} =$$

$$= \frac{0,025\,75 \cdot 1\,000 \cdot 1}{1 \cdot 0,01}\ cm = 2\,575\ cm$$

2. La plaza mayor de Valladolid tiene una forma rectangular de 122 m × 81 m. Calcula su área y expresa el resultado en hectómetros cuadrados.

Utilizamos la fórmula del área de un rectángulo:

$$S = a \cdot b = 122\ m \cdot 81\ m = 9\,882\ m^2$$

Aplicamos el factor de conversión $1\ hm^2 = 10\,000\ m^2$:

$$9\,882\ \cancel{m^2} \cdot \frac{1\ hm^2}{10\,000\ \cancel{m^2}} = 0,9882\ hm^2$$

Actividades

1. ✅🔢 Calcula la equivalencia de las medidas de longitud y completa en tu cuaderno:

- a. 45 m = ▦▦ cm
- b. 46 000 mm = ▦▦ m
- c. 3,24 km = ▦▦ m
- d. 35 000 m = ▦▦ km
- e. 0,005 4 hm = ▦▦ cm
- f. 0,125 m = ▦▦ mm
- g. 3,6 dam = ▦▦ cm
- h. 860 dm = ▦▦ dam

2. ✅🔢 Calcula la equivalencia de las medidas de superficie y completa en tu cuaderno:

- a. 4 m^2 = ▦▦ cm^2
- b. 0,008 km^2 = ▦▦ m^2
- c. 200 000 mm^2 = ▦▦ m^2
- d. 34 km^2 = ▦▦ hm^2
- e. 6,8 dm^2 = ▦▦ cm^2
- f. 0,65 dam^2 = ▦▦ dm^2
- g. 65 000 m^2 = ▦▦ hm^2
- h. 0,1 km^2 = ▦▦ dam^2

4 Masa y volumen

4.1. Masa

La **masa** es la cantidad de materia que tiene un cuerpo.

La unidad de la masa en el SI es el **kilogramo** (kg), un múltiplo del gramo. Para obtener los submúltiplos del kilogramo debemos multiplicar por 10 tabla 1 :

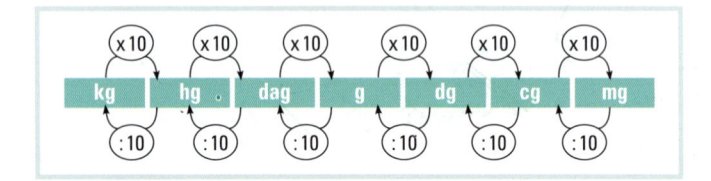

Tabla 1

Unidad	Símbolo	Factor de conversión
kilogramo	**kg**	**1 kg = 1 000 g**
hectogramo	hg	1 hg = 100 g
decagramo	dag	1 dag = 10 g
gramo	g	1 g
decigramo	dg	1 dg = 0,1 g
centigramo	cg	1 cg = 0,01 g
miligramo	mg	1 mg = 0,001 g

4.2. Volumen

El **volumen** es el espacio que ocupa un cuerpo.

La unidad de volumen en el SI es el **metro cúbico** (m^3) y para obtener sus múltiplos y submúltiplos se aplica un factor divisor o multiplicador de 1 000 tabla 2 .

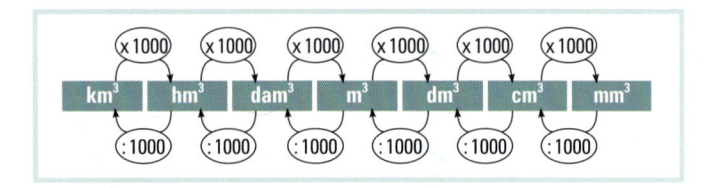

Tabla 2

Unidad	Símbolo	Factor de conversión
kilómetro cúbico	km^3	$1\ km^3 = 1\,000\,000\,000\ m^3$
hectómetro cúbico	hm^3	$1\ hm^3 = 1\,000\,000\ m^3$
decámetro cúbico	dam^3	$1\ dam^3 = 1\,000\ m^3$
metro cúbico	**m^3**	**$1\ m^3$**
decímetro cúbico	dm^3	$1\ dm^3 = 0,001\ m^3$
centímetro cúbico	cm^3	$1\ cm^3 = 0,000\,001\ m^3$
milímetro cúbico	mm^3	$1\ mm^3 = 0,000\,000\,001\ m^3$

El volumen es una magnitud derivada porque para determinarla hay que tomar una o más medidas de longitud y después hacer alguna operación. Por ejemplo, para determinar el volumen de un cubo hay que medir la longitud de su arista y efectuar la operación: $S = a^3$.

Capacidad

La **capacidad** indica la cantidad de espacio que hay en un recipiente.

La unidad de capacidad es el **litro** (L) que, por definición, equivale a $1\ dm^3$. Los múltiplos y submúltiplos del litro son decimales, por lo que se obtienen al dividir y multiplicar por 10:

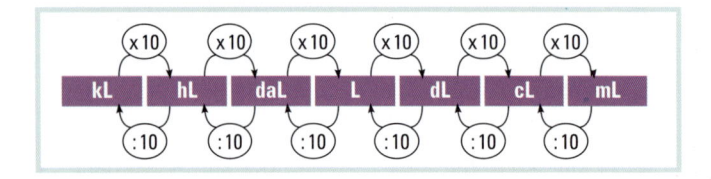

CÓMO MEDIR MASAS Y VOLÚMENES

Balanza monoplato

Primero debes comprobar la indicación de capacidad máxima de masa y no sobrepasarla nunca.

Enciéndela y espera hasta que en la pantalla aparezca la indicación de que ya se puede hacer la pesada.

Debes dejar la masa que vas a pesar en el plato con cuidado, sin golpes bruscos.

Para pesar masas contenidas en recipientes, primero pesa el recipiente y pulsa la función TARE (tara). Verás que la pantalla se pone a cero. A partir de ese momento todo lo que introduzcas en el recipiente será peso neto.

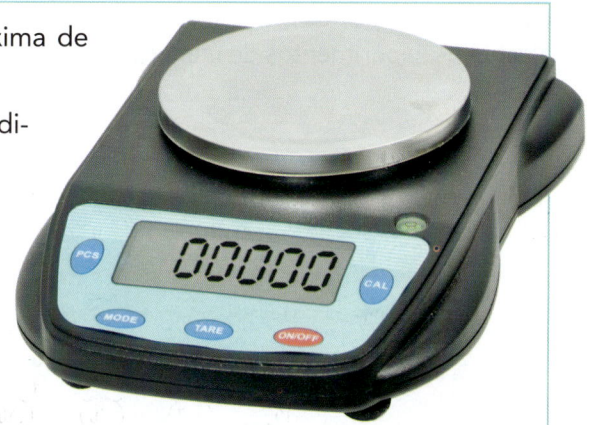

Recipientes volumétricos

Para medir volúmenes de líquidos en el laboratorio se emplean recipientes llamados volumétricos. Hay de dos clases:

- Graduados. Tienen una escala con divisiones que permite medir diferentes volúmenes.
- Aforados. Tienen grabada una marca (a veces dos) y solo permiten medir un volumen fijo.

Cuando midas el volumen de un líquido con una probeta u otro recipiente graduado debes seguir estas normas:

- Sitúa la mirada a la altura de la superficie del líquido.
- La superficie del líquido adopta una forma curva llamada menisco. Para el agua la forma del menisco es hacia abajo y la lectura debes hacerla a nivel del punto más bajo.

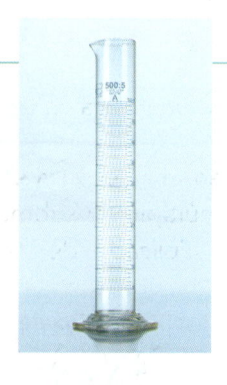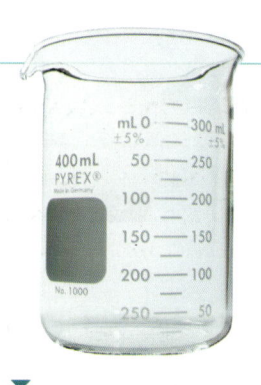

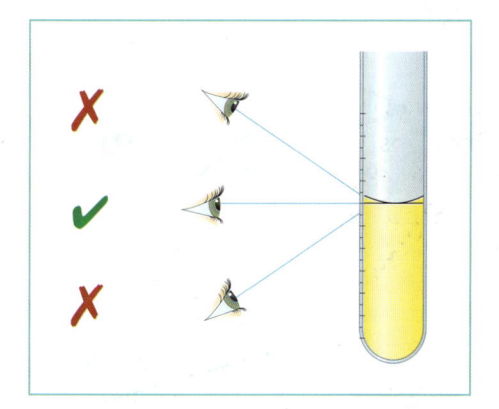

Las probetas son recipientes volumétricos graduados. En cambio, los vasos de precipitados solo sirven para contener, nunca para medir volúmenes, porque las marcas grabadas son aproximadas.

▶ Matraz aforado para medir 100 mL de líquido.

Actividades

1. 🌐 Calcula la equivalencia de las medidas de masa y completa en tu cuaderno:

a. $0,035$ kg = ▭ mg

b. $25\,000$ g = ▭ kg

c. $13,2$ mg = ▭ cg

d. $12\,000$ dg = ▭ kg

e. $0,005\,5$ hg = ▭ g

f. $0,102$ kg = ▭ dag

g. $73,5$ dag = ▭ dg

h. $7\,860,5$ cg = ▭ g

2. ✅🌐 Calcula la equivalencia de las medidas de volumen y capacidad y completa en tu cuaderno:

a. $2\,400$ m^3 = ▭ hm^3

b. $0,000\,5$ km^3 = ▭ m^3

c. $59\,650$ cm^3 = ▭ m^3

d. 5 dm^3 = ▭ cm^3

e. $0,45$ m^3 = ▭ L

f. 24 mL = ▭ cm^3

g. $34,5$ dm^3 = ▭ L

h. $0,8$ m^3 = ▭ cL

La seguridad en el laboratorio

Los laboratorios de ciencias experimentales disponen de un equipamiento y unos materiales específicos para poder llevar a cabo los experimentos de manera correcta y segura.

A ELEMENTOS DE SEGURIDAD

Persona con gafas de seguridad y bata
Las gafas de seguridad deben llevarse puestas durante los experimentos para prevenir lesiones oculares.

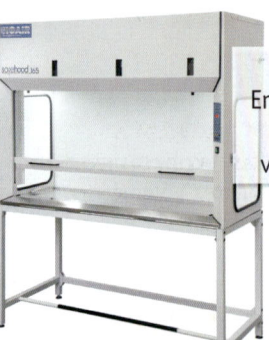

Vitrina de gases
En algunos experimentos se producen gases peligrosos y por eso deben hacerse en vitrinas provistas de extractores de gases.

Ducha de emergencia y fuentes lavaojos
Se emplean cuando se producen derrames o salpicaduras de sustancias corrosivas sobre las personas.

Extintor
En los laboratorios se manejan sustancias inflamables y es obligatorio que haya extintores.

Botiquín de laboratorio
En cualquier laboratorio debe haber un botiquín para casos de emergencia.

Manta ignífuga
Se emplea para sofocar fuegos.

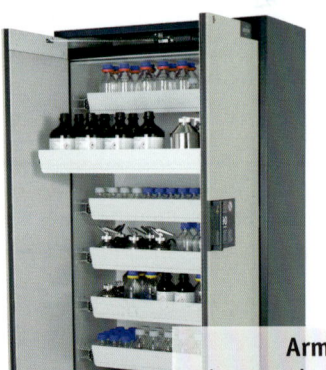

Armarios de seguridad
Los reactivos químicos peligrosos deben guardarse en armarios de seguridad cerrados.

B NORMAS PARA TRABAJAR CON SEGURIDAD EN EL LABORATORIO

✓ Lo primero que tienes que hacer es informarte sobre dónde están los elementos de seguridad en el laboratorio (lavaojos, extintores…) y los elementos de protección personal (batas, gafas, guantes…) y conocer su función y su manejo.

✓ Escucha atentamente las instrucciones de tu profesor o profesora para tener claro el objetivo de la actividad, el procedimiento a seguir y las normas de uso de los materiales que emplearás.

✓ Prepara el material que vayas a necesitar. Colócalo limpio y ordenado en tu mesa de trabajo. Así lo tendrás a mano y evitarás desplazamientos por el laboratorio.

✓ Sigue el protocolo de la actividad y no realices experimentos no autorizados por tu profesor o profesora.

✓ No se puede comer ni beber en el laboratorio, para evitar intoxicaciones accidentales.

✓ Al finalizar la actividad, limpia tu mesa de trabajo y el material que hayas utilizado. Sigue las instrucciones de tu profesor o profesora para eliminar los residuos generados.

✓ Antes de salir del laboratorio debes lavarte las manos con agua y jabón.

C REACTIVOS PELIGROSOS

Los reactivos químicos se deben manejar con mucho cuidado para evitar accidentes. En las etiquetas se advierte de los riesgos por medio de unas imágenes que describen visualmente la naturaleza del peligro:

Inflamable
Arden fácilmente.

Muy tóxico o tóxico
Sustancias venenosas.

Comburente
Provocan y agravan incendios y explosiones.

Nocivo
Irritantes cutáneos, oculares o respiratorios.

Gases a presión
Riesgo de fugas y explosión.

Mutagénico
Sustancias cancerígenas, alérgenas, mutágenas…

Explosivo
Productos que pueden explotar.

Peligroso para el medioambiente

Corrosivo
Sustancias muy reactivas.

Actividades

1. Haz un dibujo de la planta del laboratorio de tu escuela. Indica sobre el dibujo dónde se encuentran los elementos de seguridad del laboratorio y los elementos de protección personal.

Describe cada elemento de seguridad, y cuándo y cómo se utiliza.

2. Encontrarás pictogramas de seguridad en muchos productos de uso doméstico. Busca envases de productos que tengas en tu casa que muestren pictogramas en sus etiquetas. Elabora una tabla e introduce la siguiente información: el tipo de producto, su uso, el pictograma y su significado.

Determinación de la densidad

Algunas de las propiedades de la materia, las denominadas extensivas, dependen de la cantidad de materia que haya. La masa y el volumen son de ese tipo, porque a más cantidad de materia, tanto mayores serán los valores de masa y volumen.

Otras propiedades, en cambio, no dependen de la cantidad de sustancia. Un ejemplo es la temperatura. Si tenemos una jarra con agua fría y llenamos un vaso, la temperatura del agua del vaso continuará siendo la misma sea cual sea la cantidad de agua que haya. Las magnitudes que son independientes de la cantidad de materia se llaman intensivas.

Las propiedades intensivas sirven para diferenciar un tipo de materia de otra.

La densidad (*d*) es una magnitud intensiva que se determina dividiendo la masa (*m*) de la sustancia entre el volumen (*V*) que ocupa:

$$d = \frac{m}{V}$$

La unidad en el SI es el kg/m^3, pero también es usual expresarla en g/cm^3. Observa unos ejemplos:

Sustancia	Densidad (g/cm^3)
oro	19,3
plomo	11,3
hierro	7,8
agua	1
aceite de oliva	0,91
aire	0,0013

A. DETERMINAR LA DENSIDAD DE UN LÍQUIDO

Un grupo de alumnos y alumnas hizo el siguiente experimento para determinar la densidad del agua.

Determinación de la densidad del agua

1. Tomaron una probeta de 100 cm^3 y la tararon.

2. Llenaron la probeta con pequeñas cantidades de agua, entre 10-20 cm^3 cada vez.

   Una vez añadida cada cantidad, anotaban el volumen y la masa de agua que había en ese momento en la probeta. Con los resultados, completaron la tabla:

Masa (g)	17	36	53	67	84
Volumen (cm^3)	18	36	52	68	84

3. Calcularon la densidad del agua una vez añadida cada cantidad de agua. Para ello aplicaron:

   $$d = \frac{m}{V} = \frac{\boxed{}\ g}{\boxed{}\ cm^3} = \boxed{}\ g/cm^3$$

4. Representaron los datos de la tabla en una gráfica, la masa en ordenadas (*OY*) y el volumen en abscisas (*OX*).

5. Calcularon el valor de la densidad del agua haciendo la media aritmética de los cinco valores que obtuvieron. La media consiste en sumar los cinco valores y dividir el resultado entre cinco:

   $$d_{agua} = \frac{\boxed{} + \boxed{} + \boxed{} + \boxed{} + \boxed{}}{5}\ g/cm^3 = \boxed{}\ g/cm^3$$

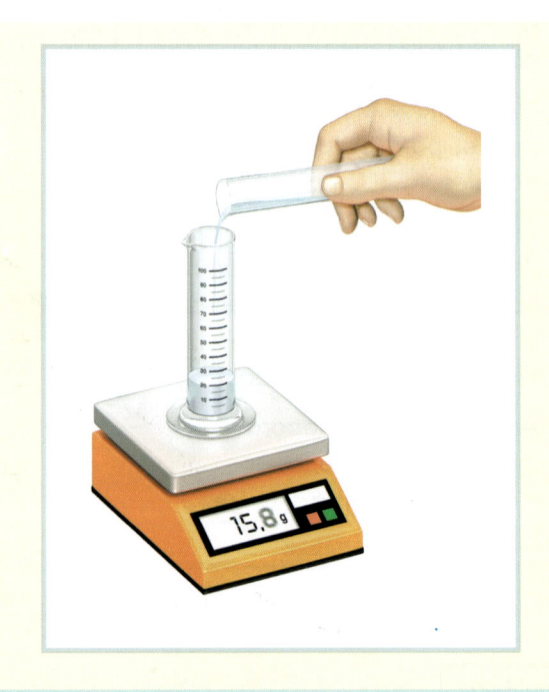

Preguntas

1. Halla los resultados del grupo para los pasos 3 y 5.

2. Elabora una gráfica con los resultados de la tabla.

3. ¿Cómo interpretas que la forma de la gráfica sea una línea recta?

Determinación de la densidad del alcohol

Repite el experimento anterior paso a paso, pero con alcohol farmacéutico. Representa la gráfica en la misma escala.

1. Toma una probeta de 100 cm³ y tárala.

2. Llena la probeta varias veces con pequeñas cantidades de alcohol, y ve anotando el volumen y la masa cada vez.

3. Con los datos recogidos, elabora en tu cuaderno una tabla y una gráfica.

Preguntas

1. Calcula la densidad del alcohol farmacéutico. ¿Es mayor o menor que la del agua?

2. ¿En qué se parece y en qué se diferencia la gráfica del alcohol a la del agua?

B. DETERMINAR LA DENSIDAD DE UN SÓLIDO

Cuando se sumerge un sólido en agua se observa que el sólido desplaza el agua y se produce un aumento del nivel. La diferencia entre el nivel final y el inicial es el volumen del sólido:

$$V_{\text{sólido}} = V_{\text{final}} - V_{\text{inicial}}$$

El método de desplazamiento en agua se usa para medir volúmenes de sólidos de forma irregular, ya que en tal caso el volumen no se puede calcular matemáticamente.

Aplicarás este método para determinar la densidad de una roca muy común, el granito.

Determinación de la densidad de una roca

1. Toma fragmentos de granito cuyo tamaño sea suficientemente pequeño para que quepan bien dentro de una probeta de 100 cm³. Pesa aproximadamente 50 g de granito y anota la masa exacta:

$$M_{\text{granito}} = \boxed{}\ \text{g}$$

2. Toma una probeta de 100 cm³ y llénala de agua hasta exactamente el nivel de 50 cm³:

$$V_{\text{inicial}} = 50\ \text{cm}^3$$

3. Introduce los fragmentos de granito en la probeta y mide el nuevo nivel del agua:

$$V_{\text{final}} = \boxed{}\ \text{cm}^3$$

4. Calcula el volumen del granito:

$$V_{\text{granito}} = V_{\text{final}} - V_{\text{inicial}} = \boxed{}\ \text{cm}^3 - 50\ \text{cm}^3 = \boxed{}\ \text{cm}^3$$

5. Calcula la densidad del granito:

$$d_{\text{granito}} = \frac{M_{\text{granito}}}{V_{\text{granito}}} = \frac{\boxed{}\ \text{g}}{\boxed{}\ \text{cm}^3} = \boxed{}\ \text{g/cm}^3$$

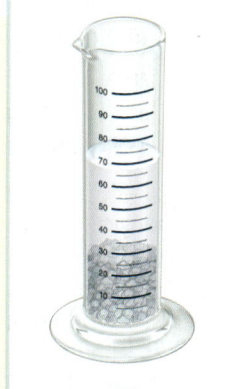

Preguntas

1. Este método sirve para cualquier sólido que no sea soluble en agua y cuya densidad sea mayor que la del agua, para que no flote. ¿Qué problema habría si flotase el sólido?

2. Si tuvieses que medir la densidad de un trozo de madera de una densidad aproximada de 0,9 g/cm³, explica el procedimiento experimental que seguirías.

Del mito a la ciencia

En la actualidad conocemos con bastante detalle las causas y efectos de muchos fenómenos naturales, tales como la lluvia, los rayos, los eclipses, los terremotos o las mareas. Pero para llegar a ese conocimiento ha sido necesario recorrer un largo camino: el camino que va del mito a la ciencia.

Los eclipses de Sol siempre han causado un gran temor en todas las culturas.

A EL ORIGEN DE LOS MITOS

Durante la mayor parte de la historia de la humanidad, los fenómenos naturales han causado un gran asombro, ya sea por sus efectos destructivos (rayos, terremotos…) o por su rareza y espectacularidad (eclipses, cometas…).

Para intentar darles explicación, las culturas antiguas crearon relatos mitológicos en los que intervenían dioses y personajes fantásticos de todo tipo. Estas fábulas cumplían una función tranquilizadora en las sociedades porque proporcionaban una falsa sensación de seguridad.

Gracias a ellos, las personas llegaban a convencerse de que se podía influir en los fenómenos naturales mediante acciones rituales que satisficieran a los dioses o las diosas que los producían.

A la izquierda, el dios romano Júpiter. Arriba, el dios nórdico Thor.

B EL DÍA Y LA NOCHE

La energía del Sol es la fuente de la vida. No es de extrañar que en la Antigüedad el Sol fuese considerado un dios por muchas culturas.

Según la antigua mitología egipcia, el dios del Sol, llamado Ra, navegaba diariamente en una barca por un río celeste. Cuando Ra atravesaba un tramo subterráneo del río, la noche se adueñaba de la superficie terrestre, y así se explicaba el ciclo del día y la noche.

Hasta 1543, cuando el astrónomo polaco Nicolás Copérnico propuso que la Tierra era solo un planeta que giraba alrededor del Sol, no se superó la creencia de que era el Sol que se movía alrededor de una Tierra inmóvil, un modelo sustentado más en ideas preconcebidas que en las evidencias de las observaciones astronómicas.

Ra, el dios egipcio del Sol. ◄

C FALSAS CREENCIAS CON BASE CIENTÍFICA

Se podría pensar que los mitos son cosa del pasado y que actualmente la racionalidad del pensamiento científico impera en la sociedad. Nada más lejos de la realidad.

A poco que miremos atentamente a nuestro alrededor encontraremos un amplio repertorio de falsas creencias científicas. Un ejemplo de creencia sin ningún fundamento científico es la astrología.

En la Antigüedad las pautas de movimiento de las estrellas y los planetas servía como reloj, calendario y brújula. El estudio de los astros fue clave para las primeras grandes civilizaciones agrícolas que vivían junto a ríos como el Éufrates o el Nilo, ya que les permitía prever cuándo se producirían las inundaciones de las que dependían sus cosechas.

De esa astrología primitiva de observación y medida deriva la actual astronomía como disciplina científica, pero también la astrología como práctica de adivinación.

La adivinación astrológica supone que las posiciones de los astros influyen en los acontecimientos de nuestra vida. Los horóscopos son la manifestación más popular de estas creencias sin ningún fundamento científico.

D LA VERDADERA INVESTIGACIÓN CIENTÍFICA: EL IAC

De manera opuesta a la astrología, la astronomía estudia el Universo tal como es. Para ello, obtiene datos en observatorios de todo el mundo, los analiza, los contrasta y extrae conclusiones que luego comprueba con más observaciones.

Un ejemplo de esta investigación la lleva a cabo el Instituto Astrofísico de Canarias (IAC), con observatorios en el Teide (Tenerife) y en el Roque de los Muchachos (La Palma).

El IAC forma parte de distintas redes internacionales de investigación y participa en proyectos globales claves para el avance científico internacional.

En los próximos años se instalarán cuatro nuevos telescopios en el Roque de los Muchachos, fruto de una colaboración entre España y Japón.

Actividades

1. Todas las culturas han dado explicaciones mitológicas a los rayos y los truenos, porque son manifestaciones de luz y sonido espectaculares, ocurren a menudo y pueden ser mortales. ¿Conoces alguna de las explicaciones mitológicas dadas por culturas antiguas al fenómeno de los rayos y los truenos? ¿Sabrías dar una explicación científica al fenómeno?

2. ¿Qué opinas de los horóscopos? ¿Haces caso de ellos? ¿Los astros pueden influir en nuestras vidas?

3. Es una creencia bastante extendida que para evitar que una bebida carbónica pierda el gas es suficiente con introducir una cuchara en la boca de la botella. ¿Cómo se podría demostrar científicamente la veracidad o falsedad de esta creencia?

1 Utiliza. Instrumentos de medida

a) Observa las cuatro probetas de la figura. Determina la sensibilidad de cada una y el volumen de líquido que contienen.

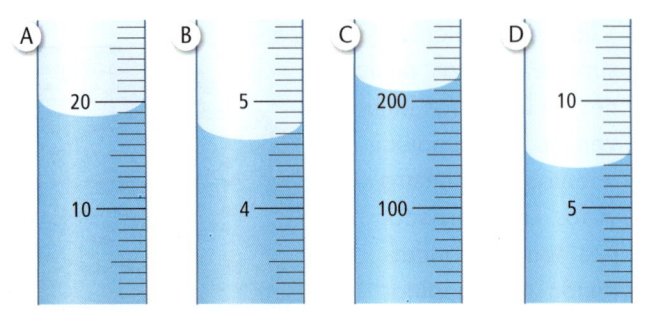

b) La unidad de tiempo en el sistema internacional es el segundo (s).

Para tiempos inferiores a 1 s se sigue la pauta general de los submúltiplos del sistema métrico decimal (por ejemplo, 1 ms = 0,001 s), pero para tiempos mayores se emplean las unidades tradicionales: minuto, hora y día [1 minuto (min) = 60 s; 1 hora (h) = 60 min; 1 día = 24 h].

– Calcula cuántos segundos hay en 1 hora.

– Calcula cuántos milisegundos hay en 1 minuto.

– ¿Qué sensibilidad tiene el cronómetro de la figura?

c) Cuando midas con una regla debes fijarte bien en qué unidades está la escala porque muchas reglas llevan dos escalas, una en centímetros (cm) y otra en pulgadas (in), y si no te das cuenta puedes confundirte.

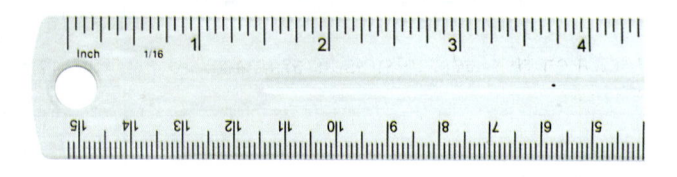

– ¿Por qué crees que se fabrican reglas con doble escala?

– ¿Cuántas divisiones hay en 1 cm? ¿A qué submúltiplo corresponde cada división?

– ¿Cuántas divisiones hay en 1 in?

– A partir de la figura, ¿podrías calcular a cuántos centímetros equivale una pulgada? ¿Y a cuántas pulgadas equivale un centímetro?

2 Mide. Áreas regulares e irregulares

a) Medir una superficie con forma regular (cuadrado, rectángulo, triángulo...) es sencillo, basta medir sus dimensiones y aplicar la fórmula matemática correspondiente.

Calcula el área de las siguientes figuras:

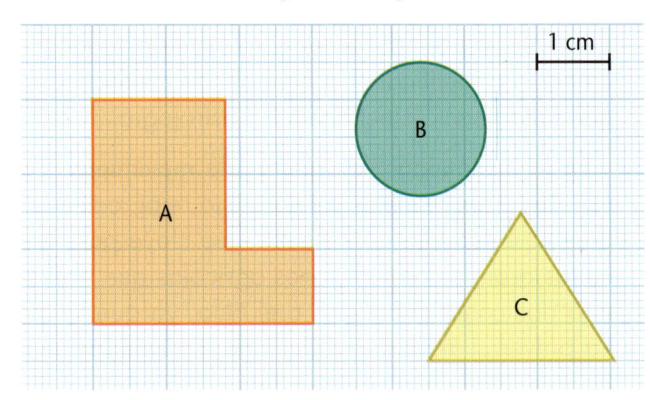

b) Un grupo de alumnos y alumnas se propusieron medir aproximadamente la superficie de una hoja.

1) Primero dibujaron la silueta de la hoja sobre una cuadrícula donde la superficie de cada cuadradito era de 1 cm² y contaron los cuadraditos situados en su interior.

2) Luego contaron los cuadraditos enteros y también los recortados, pero solo aquellos cuya superficie superaba la mitad de un cuadradito entero.

3) En tercer lugar los sumaron y estimaron que el resultado era igual a la superficie de la hoja en centímetros cuadrados.

– Ahora calcula el área de la hoja de la figura mediante el método descrito.

– Justifica por qué se cuentan como cuadraditos enteros los recortados más grandes, pero no los más pequeños.

– Aplica el método para determinar el área de la palma de tu mano.

3 Efectúa. Cambios de unidades de medida

Completa las operaciones de cambios de unidades con los factores de conversión que correspondan:

a) $4{,}67\ \text{km} \cdot \dfrac{\square\ \text{m}}{\square\ \text{km}} \cdot \dfrac{\square\ \text{cm}}{\square\ \text{m}} = \square\ \text{cm}$

b) $500\,000\,000\ \text{mm}^2 \cdot \dfrac{\square\ \text{m}^2}{\square\ \text{mm}^2} \cdot \dfrac{\square\ \text{hm}^2}{\square\ \text{m}^2} = \square\ \text{hm}^2$

c) $0{,}75\ \text{dm}^3 \cdot \dfrac{\square\ \text{m}^3}{\square\ \text{dm}^3} \cdot \dfrac{\square\ \text{mm}^3}{\square\ \text{m}^3} = \square\ \text{mm}^3$

d) $0{,}0053\ \text{hm}^3 \cdot \dfrac{\square\ \text{m}^3}{\square\ \text{hm}^3} \cdot \dfrac{\square\ \text{L}}{\square\ \text{m}^3} = \square\ \text{L}$

e) $1\ \text{día} \cdot \dfrac{\square\ \text{h}}{\square\ \text{día}} \cdot \dfrac{\square\ \text{min}}{\square\ \text{h}} \cdot \dfrac{\square\ \text{s}}{\square\ \text{min}} = \square\ \text{s}$

4 Investiga. El cubo de Rubik

El cubo de Rubik es un rompecabezas inventado por el arquitecto húngaro Erno Rubik en 1974. Es un cubo en el que cada una de sus caras es de un color distinto (blanco, rojo, azul, naranja, verde y amarillo).

El cubo está fragmentado en otros más pequeños y un mecanismo de ejes permite la rotación independiente de cada uno, lo que conduce a que los colores de sus caras se pueden desordenar u ordenar según los movimientos ejecutados.

a) Calcula la superficie de cada color en un cubo de Rubik de arista 6 cm.

b) ¿Cuántos cubitos hay en el cubo? (el centro del cubo no se cuenta como cubito porque está ocupado por el eje rotatorio).

c) ¿Qué volumen tendría un cubito si estuviese completo?

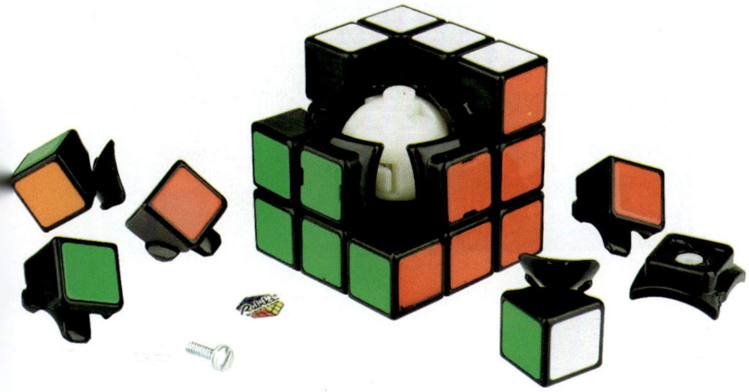

5 Calcula. Volumen de un objeto

¿Qué volumen de refresco cabe en una lata de 6,5 cm de diámetro y 11,5 cm de altura?

$V = \pi \cdot r^2 \cdot h$

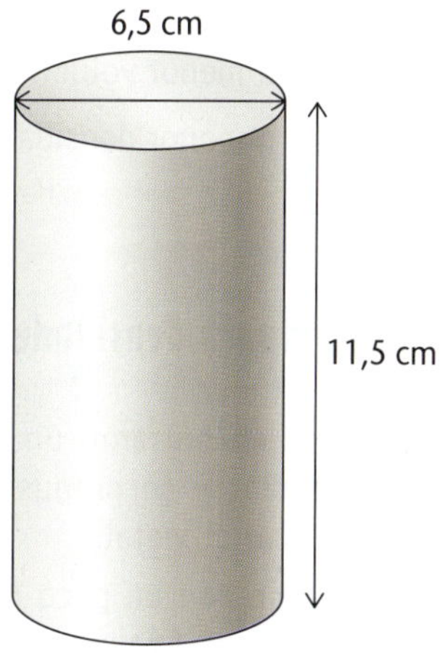

6 Identifica. Las sustancias según su densidad

Copia esta tabla en tu cuaderno y complétala. Haz los cálculos necesarios y consulta la tabla de densidades (pág. 14).

Masa (g)	Volumen (cm^3)	Densidad (g/cm^3)	Sustancia
25	25		
100			oro
	50	0,91	
	4000		aire

7 Responde. Verdadero o falso

Indica en tu cuaderno si estas afirmaciones son verdaderas o falsas:

a) La densidad de un litro de agua es mayor que la de una gota de agua.

b) La densidad de un kilogramo de agua es menor que la de un gramo de plomo.

c) La densidad de un kilogramo de agua es la misma que la de un kilogramo de plomo.

d) En un kilogramo de plomo hay la misma masa que en un kilogramo de agua.

e) Un kilogramo de plomo ocupa el mismo volumen que un kilogramo de agua.

8 Compara. **Masa y volumen**

Hemos pesado tres esferas, A, B y C, de tamaños y materiales distintos. En tu cuaderno:

a) Ordénalas de mayor a menor masa.

b) Ordénalas de mayor a menor volumen.

c) Ordénalas de mayor a menor densidad.

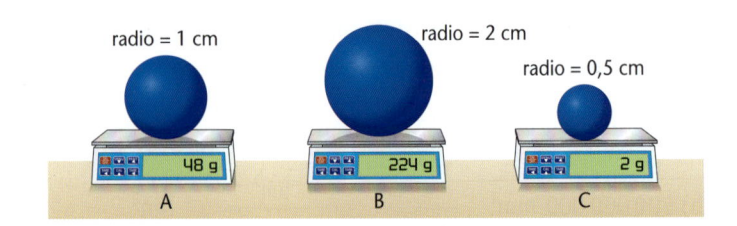

9 Reflexiona. **Compara densidades**

Un grupo de alumnos encontraron un pequeño pedazo de metal de forma irregular y se propusieron determinar su densidad para identificar el metal.

En primer lugar llenaron con un poco de agua una probeta de 100 cm³ y la pesaron. Seguidamente introdujeron la pieza en la probeta y la volvieron a pesar.

A partir de los datos experimentales obtenidos calcularon la densidad del metal y lo identificaron consultando la tabla de densidades adjunta. ¿Qué metal descubrieron que era?

Metal	Densidad (g/cm³)
aluminio	2,7
cobre	8,9
cinc	7,1
hierro	7,8
plomo	11,3

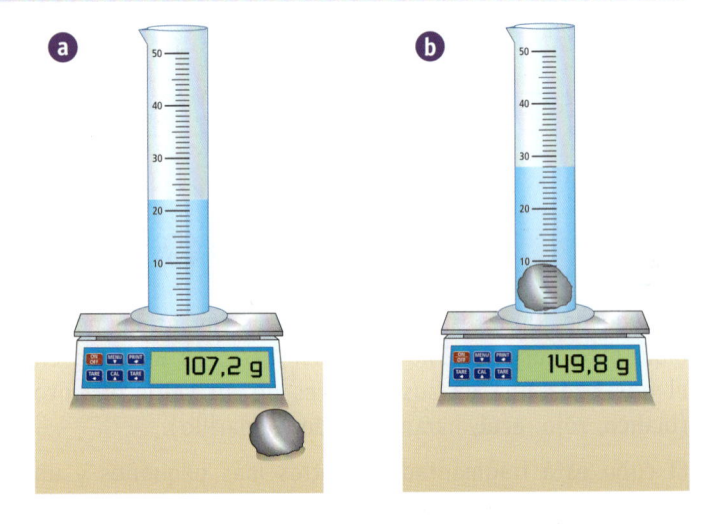

10 Convierte. **Otras unidades de medida**

Irene estuvo con su familia de vacaciones en los Estados Unidos y alquilaron un coche para hacer excursiones. Les habían dicho que la gasolina en Estados Unidos era más barata que en España, pero por el precio anunciado en una gasolinera pensaron que no era cierto, hasta que se dieron cuenta de que el precio estaba en dólares USA ($) y no la vendían por litros sino por galones, una unidad de volumen equivalente a 3,8 L.

a) ¿Cuántos galones de gasolina deben pedir si quieren comprar 50 L?

b) Calcula el dinero en dólares ($) que tendrán que pagar por 50 L de gasolina plus.

c) Calcula la equivalencia de ese dinero en euros (€) si el cambio es 1 € = 1,09 $.

d) En España, el precio de la gasolina de calidad equivalente a la plus es de, aproximadamente, 1,05 € por litro. ¿Es más barata o más cara la gasolina en Estados Unidos?

Síntesis. La materia y su medida

La materia y su medida

✔ La **materia** es todo aquello que ocupa un lugar y tiene masa.

✔ Una **magnitud** física es cualquier cualidad de la materia que se pueda medir.

✔ **Medir** es comparar un objeto con la **unidad** y decir el número de veces que la magnitud que estamos midiendo contiene dicha unidad.

✔ El **sistema internacional de unidades** (SI) consta de siete **unidades básicas**. Las **unidades derivadas** se definen por combinación de las básicas.

✔ El **método científico** incluye tareas comunes que realizan los científicos y las científicas que dibujan una manera particular de investigar.

✔ La **sensibilidad** es el valor de la división más pequeña que hay en la escala graduada de un instrumento de medida.

Principales magnitudes

✔ La **longitud** es la distancia que hay entre dos puntos. Su unidad en el SI es el metro (m).

✔ La **superficie** es la parte externa de un cuerpo. La medida de una superficie es su **área**. Su unidad en el SI es el metro cuadrado (m^2).

✔ La **masa** es la cantidad de materia que tiene un cuerpo. Su unidad en el SI es el kilogramo (kg).

✔ El **volumen** es el espacio que ocupa un cuerpo. Su unidad en el SI es el metro cúbico (m^3). La **capacidad** indica la cantidad de espacio que hay en un recipiente, y se mide en litros (L).

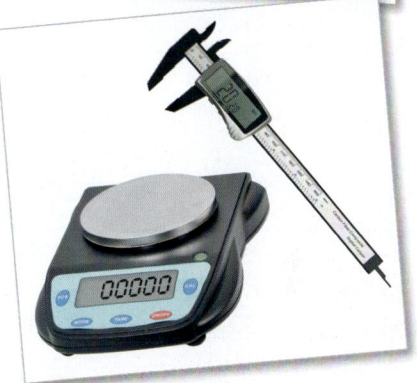

1 CONSOLIDA LO APRENDIDO

a) ¿Qué es la materia?

b) ✅ ¿Qué entendemos por magnitud física? ¿Cuáles son las principales magnitudes físicas?

c) ¿En qué consiste la acción de medir?

d) ¿Qué distingue a las unidades fundamentales de las unidades derivadas?

e) ¿Cómo se evalúa la sensibilidad de un instrumento de medida?

f) ✅ ¿En qué consisten los múltiplos y submúltiplos de las unidades del SI?

g) ¿Cómo se convierten unidades mediante factores de conversión?

h) ✅ ¿Cómo trabajan los científicos y las científicas?

i) ¿Qué elementos debe haber en un laboratorio para garantizar la seguridad de las personas? ¿Qué normas se deben seguir?

j) ¿Qué es un mito? ¿Dónde tienen su origen la mayoría de mitos? ¿Qué los distingue de la ciencia?

2 DEFINE CONCEPTOS CLAVE

- Materia
- Medición
- Ciencia
- Magnitud
- Unidad
- Mito

RESPONDE A LA PREGUNTA INICIAL

Después de haber estudiado este tema, puedes responder a la pregunta inicial:

¿Por qué es importante la medida en ciencia?

Redacta un texto de entre 10 y 20 líneas que resuma las conclusiones a las que hayas llegado.

AFIANZA LO APRENDIDO

Para consolidar los conocimientos adquiridos, puedes efectuar las actividades propuestas en:

www.tiching.com/744950

Están preparadas en un documento en formato pdf que puedes descargarte. Al final, hallarás las soluciones.

QUÍMICA

El ciclo del agua permite observar el agua
en sus tres estados: sólida, líquida y gas.

Todas las personas que investigan la ciencia, ya sea la biología, la astronomía o la química, estudian el universo material que nos rodea, pero lo hacen desde distintos puntos de vista.

Las diferentes disciplinas científicas centran su atención en el conocimiento de algún área limitada de ese universo material. El interés de la química es el estudio de la composición y la transformación de la materia.

El primer paso del conocimiento científico es la observación de nuestro entorno más inmediato. Con nuestros sentidos distinguimos la materia que nos rodea por su forma, color, olor...

Por eso no es de extrañar que la clasificación más elemental de la materia sea por el estado físico en la que esta se presenta: sólido, líquido o gas, y que las primeras observaciones sobre los cambios de estado se refiriesen al agua, la sustancia más abundante de la naturaleza.

¿Qué sabemos?

- Explica qué parte del universo material estudian las llamadas ciencias naturales: la biología y la geología.

- Intenta explicar a otra persona qué significa que una sustancia sea *sólida*, pero sin emplear nunca la palabra sólida. Haz lo mismo para los términos *líquido* y *gas*.

- El agua es una sustancia esencial para la vida. Describe el llamado *ciclo del agua* y valora su importancia para el sostenimiento de la vida.

¿Qué aprenderemos?

- En qué tres estados puede encontrarse una sustancia.

- Cómo es la estructura interna de la materia en cada estado.

- Por qué se producen cambios de estado.

- Qué es la presión de un gas y qué ocurre si esta varía.

1 Estados de la materia

1.1. Estados de agregación

La materia se presenta en la naturaleza en tres **estados físicos** o **estados de agregación**: *sólido*, *líquido* y *gas*. Con nuestros sentidos podemos diferenciar los tres estados.

▸ Estados de la materia

Los **sólidos** tienen forma permanente y volumen constante.

Los **líquidos** no tienen forma propia, pero sí volumen constante. Fluyen y adoptan la forma del recipiente que los contiene.

Los **gases** no tienen forma definida ni tampoco volumen propio. Un gas en un recipiente cerrado ocupa todo el espacio disponible.

Teoría cinético-molecular de la materia

Para poder explicar los estados de la materia y sus cambios, los científicos han desarrollado una teoría general de la materia llamada **teoría cinético-molecular**, cuyos principales postulados son:

- La materia está formada por partículas tan pequeñas que no se pueden ver, ni siquiera con los microscopios más potentes.

- Las partículas están en un movimiento permanente que depende de la temperatura a la que se encuentran: a mayor temperatura, mayor movimiento.

- Las partículas presentan fuerzas de atracción entre ellas que limitan su movimiento, pero cuyas intensidades son muy variables. Esta diferencia de intensidad explica la existencia de los estados de agregación.

> **Postulado**
>
> Un **postulado** es un enunciado que se admite como verdadero sin pruebas y que sirve de base para razonamientos posteriores.

Sólido	Líquido	Gaseoso
Las partículas de los sólidos están unidas fuertemente, sujetas en estructuras rígidas donde están en contacto. El único movimiento que pueden hacer es una ligera vibración.	Las partículas de los líquidos no están tan fuertemente unidas como en los sólidos, por lo que tienen más movilidad. Resbalan libremente entre ellas sin llegar a formar estructuras estables.	Las partículas de los gases tienen gran movilidad, son independientes entre sí. Se mueven libremente en todas direcciones, golpeando las paredes del recipiente que contiene el gas.

CAMBIOS DE ESTADO

La materia puede cambiar de estado físico. El ejemplo más conocido es el del agua, que podemos encontrar en estado sólido, líquido y gas.

Según la teoría cinético-molecular, las partículas de una sustancia que cambia de estado no se modifican pero la distancia entre ellas y su movimiento sí.

Efecto de la temperatura

Cuanto más alta sea la temperatura a la que se encuentra una sustancia, más se moverán sus partículas. Y al revés, cuanto más baja sea la temperatura, menos se moverán.

Por este motivo, las sustancias se encuentran a mayor temperatura en estado gas y a menor temperatura en estado sólido.

Los cambios de estado de sólido a líquido y de líquido a gas requieren calor para producirse. Por el contrario, para que se produzcan los cambios de estado de gas a líquido y de líquido a sólido debemos enfriar la materia.

Los cambios de estado del agua son los más conocidos. El agua se encuentra en estado sólido (hielo), líquido y gas (vapor).

Efecto de la presión

Las partículas de cualquier gas golpean las paredes del recipiente que las contiene haciendo fuerza sobre ellas.

La **presión** de un gas es la fuerza que ejercen sus partículas dividida entre la superficie del recipiente.

Si un gas se comprime, se producen más choques contra las paredes y aumenta la presión. Gracias a este efecto puede suceder que un gas comprimido pase a líquido sin variar su temperatura.

El efecto contrario se puede observar en los líquidos cuando la presión del aire disminuye, por ejemplo, con la altura. A medida que se asciende por la atmósfera hay menos aire y, por ello, menor presión. Las partículas del aire chocan menos con la superficie del líquido y este pasa a gas más fácilmente.

El butano de las bombonas es líquido porque está sometido a gran presión. En la cima del Everest, el agua pasa a gas a menor temperatura que a nivel del mar.

Actividades

1. Con nuestros sentidos detectamos la materia que nos rodea, pero no toda la podemos ver y tocar. ¿Se te ocurre algún ejemplo de materia que puedas percibir por el tacto, pero no por la vista?

2. ¿Qué estado de agregación tiene la nieve? ¿Y la miel? Justifica tu respuesta.

3. Copia y completa en tu cuaderno la tabla de la derecha.

	Sólido	Líquido	Gas
¿Qué distancia hay entre las partículas?			
¿Cómo es el movimiento de las partículas?			
¿Cuán intensa es la fuerza de atracción entre las partículas?			
¿Qué forma adopta la materia según su estado?			

2 | ¿Cómo suceden los cambios de estado?

Cada cambio de estado recibe un nombre específico y tiene unas características que veremos a continuación.

▶ Vaporización

La **vaporización** es el paso de líquido a gas de una sustancia. Se puede alcanzar por *evaporación* o por *ebullición*.

- **Evaporación**: vaporización que sucede a cualquier temperatura, y solo en la superficie del líquido.

  Si se deja al sol un vaso con agua, después de un tiempo el volumen de agua disminuye. Esto se debe a que el calentamiento superficial hace que unas pocas partículas alcancen la velocidad necesaria para separarse del líquido. Por eso la evaporación es lenta y no sucede a una temperatura fija.

- **Ebullición**: vaporización en todo el volumen del líquido.

  Al calentar un líquido, sus partículas vibran cada vez más rápido. Llega un momento en el que la agitación de las partículas es tan intensa que vencen las fuerzas atractivas que las mantenían unidas y pueden escapar del líquido en forma de gas. Se observan burbujas de gas por todo el líquido que suben hasta la superficie explotando a borbotones.

  La temperatura a la que se produce este cambio de estado se denomina **temperatura** o **punto de ebullición** tabla 1 .

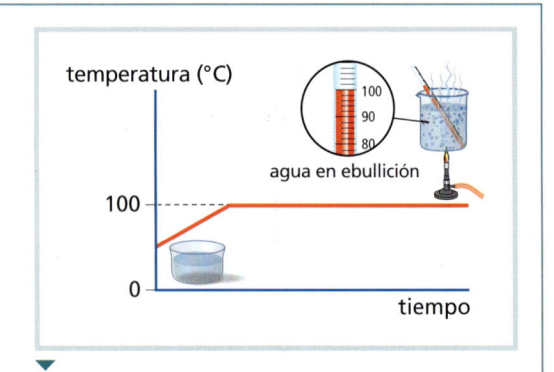

La temperatura permanecerá constante mientras haya agua líquida por vaporizar.

▶ Condensación

La **condensación** es el paso de estado gas a estado líquido, y se produce cuando una sustancia en estado gas se enfría lo suficiente: las partículas se moverán cada vez más lentamente y estarán más tiempo juntas. Las fuerzas de atracción aumentarán y finalmente retendrán las partículas para que se forme el líquido.

Tabla 1

PUNTOS DE FUSIÓN Y PUNTOS DE EBULLICIÓN		
Sustancia	Punto de fusión (°C)*	Punto de ebullición (°C)*
oxígeno	−218	−183
butano	−138	0
agua	0	100
etanol	−114	78
mercurio	−39	357
azufre	115	445
hierro	1 538	2 862

* Temperaturas medidas a nivel del mar

▶ Fusión

La **fusión** es el paso de sólido a líquido. Al calentar una sustancia sólida, las partículas vibran cada vez más y su temperatura aumenta. Al continuar el calentamiento, llega un momento en el que la agitación de las partículas es tan intensa que la estructura del sólido se desmorona y la sustancia pasa de sólido a líquido.

La temperatura a la cual sucede este cambio de estado es la llamada **temperatura** o **punto de fusión** tabla 1 .

Si se parte de una cierta cantidad de sustancia sólida pura y se calienta progresivamente, se comprueba que, llegado al punto de fusión, la temperatura permanece constante hasta que se ha fundido todo el sólido que había.

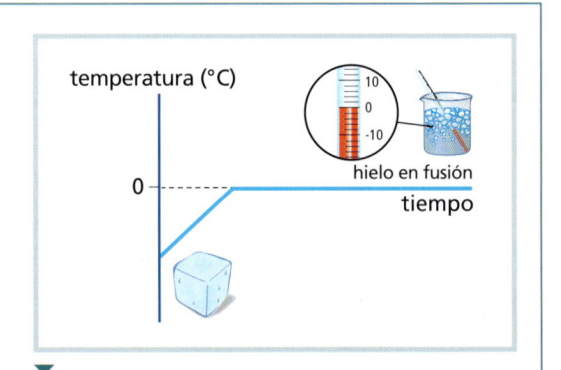

La temperatura permanecerá constante mientras haya hielo por fundir.

Solidificación

La **solidificación** es el paso de líquido a sólido y se produce cuando una sustancia en estado líquido se enfría lo suficiente. La temperatura a la cual sucede es la llamada **temperatura** o **punto de solidificación** cuyo valor es el mismo que el punto de fusión ya que ambos procesos son inversos el uno del otro.

El término *congelación* suele emplearse como sinónimo de solidificación.

Los carámbanos se forman cuando la nieve o el hielo se descongelan y las gotas de agua que resbalan se congelan de nuevo. ◀

Sublimación

La mayoría de los sólidos pasan de sólido a gas pasando por el estado intermedio de líquido, pero algunas sustancias que tienen fuerzas de atracción muy débiles pueden pasar directamente de sólido a gas o de gas a sólido, fenómeno llamado **sublimación**.

El llamado hielo seco es dióxido de carbono sólido. Es un sólido que sublima a gas directamente porque la fuerza entre sus partículas es muy débil. ◀

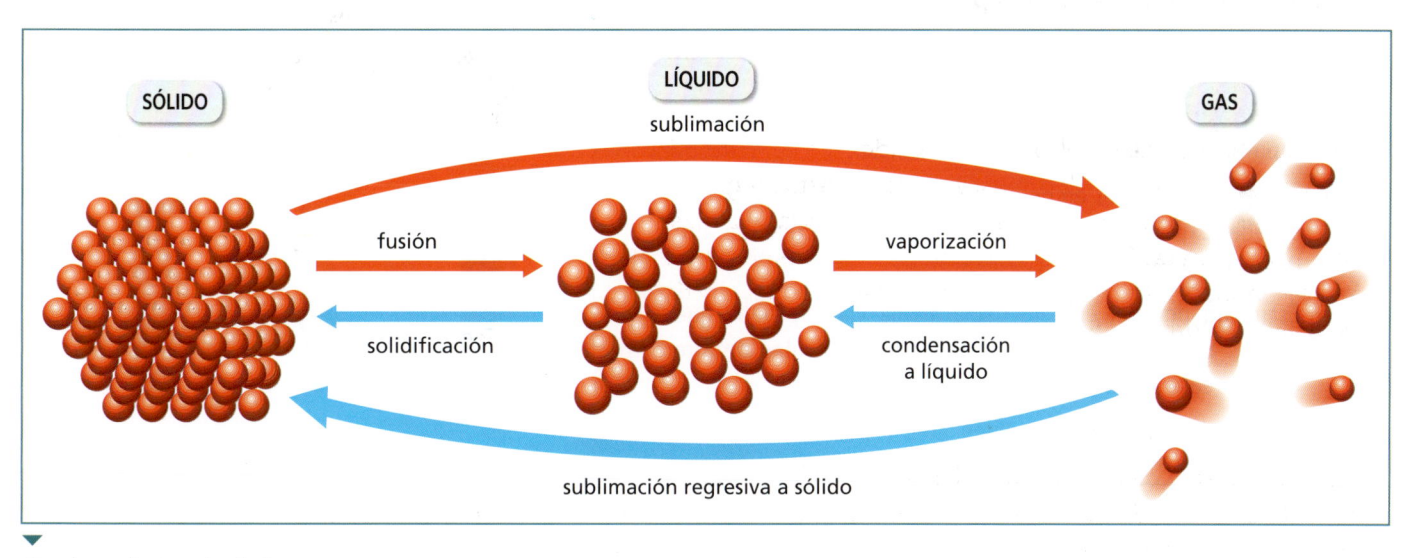

▼ Cambios de estado de la materia.

Actividades

1. 🌐 Explica en qué se parecen y en que se diferencian los fenómenos de evaporación y ebullición. Pon ejemplos de ambos procesos.

2. ✅ ¿El punto de vaporización será el mismo que el punto de condensación? ¿Por qué?

3. Explica qué cambio de estado tiene lugar y cómo sucede cuando te humedeces las manos con colonia.

4. ✅ El núcleo de la Tierra es sólido aunque la temperatura allí es tan alta que cualquier materia debería estar en estado gas. ¿Cómo se explica este hecho?

Experimenta con los estados de la materia

Las propiedades físicas de una sustancia son muy distintas en función de si se encuentra en estado sólido, líquido o gas. Vamos a estudiarlas experimentalmente y a relacionarlas con su estructura según la teoría cinético-molecular de la materia.

A. COMPRIMIR UN GAS

En los **sólidos** no hay espacio entre partículas y por eso su volumen no cambia aunque los comprimamos. Si la compresión es muy intensa, lo máximo que conseguiremos será deformarlos o romperlos, pero su volumen continuará siendo casi el mismo.

En los **líquidos**, como entre sus partículas hay algo más de separación, una fuerte compresión puede llegar a cambiar su volumen, pero muy poco.

El comportamiento de los **gases** es completamente distinto: entre sus partículas hay mucha separación y su volumen se puede cambiar fácilmente.

Daniel Bernouilli (1700-1782) publicó por primera vez la teoría cinética de los gases en 1738.

Compresión y expansión del aire

1. Toma la jeringa y desplaza el émbolo hasta que el pistón de goma se sitúe hacia la mitad de la capacidad.

2. Tapona la salida de la jeringa y así tendrás un volumen determinado de aire encerrado.

3. Sujeta verticalmente la jeringa de manera que el extremo taponado quede en contacto con la mesa.

4. Aprieta un poco el émbolo hacia abajo y comprueba qué sucede. Explica cómo se comportan las partículas de aire durante este proceso.

5. Estira un poco el émbolo hacia arriba y comprueba qué ocurre. Explica lo que les sucede a las partículas de aire en este caso.

6. Comprueba hasta qué volumen eres capaz de comprimir el aire. Justifica si las partículas están tocándose.

Material

- Jeringa de uso alimentario de al menos 100 mL
- Tapón

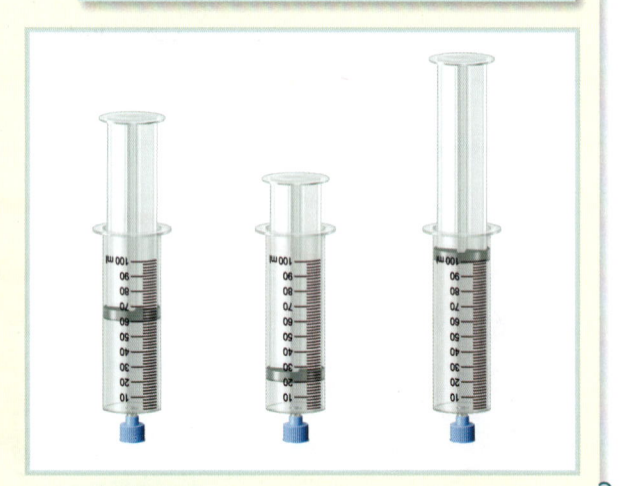

Preguntas

1. Si se ejerciese una compresión muy grande, ¿podría suceder que el gas dejara de ocupar volumen?

2. Imagina que llenas la jeringa con agua y efectúas el mismo experimento. ¿Qué resultado obtendrías? Elabora una hipótesis sobre el resultado y compruébala experimentalmente.

B. DILATAR UN LÍQUIDO

Cuando se calienta una sustancia, aumenta su volumen, fenómeno denominado **dilatación**, y cuando se enfría, su volumen disminuye, fenómeno llamado **contracción**.

Ambos fenómenos se deben a que el movimiento de las partículas depende de la temperatura. Si una sustancia se calienta, sus partículas se mueven más y tienden a ocupar más espacio. Cuando la sustancia se enfría sucede lo contrario, las partículas se mueven menos y tienden a ocupar menos espacio.

Construcción de un termómetro basado en la dilatación y contracción de un líquido

1. Mezcla en el vaso de precipitados 30 mL de agua con 30 mL de etanol y un poco de colorante alimentario.

2. Pon el tapón con el tubo acoplado y comprueba que no queden resquicios por los que pueda entrar o salir aire. Si es necesario, emplea plastilina o silicona para sellarlos.

3. Sumerge el matraz en un baño de agua con hielo. Observarás un burbujeo porque el aire del interior se contraerá y comenzará a entrar aire del exterior a través del tubo de vidrio.

4. Después de un rato saca el matraz y déjalo a temperatura ambiente. El líquido sube por el tubo hasta llegar a un nivel, que marca la temperatura que en ese momento hay en el laboratorio y te servirá de referencia. Señálalo en el vidrio con un rotulador indeleble. Explica por qué crees que el líquido ha subido por el tubo.

5. Señala otras marcas introduciendo el matraz en agua caliente o fría de temperaturas conocidas. Haz divisiones entre las marcas efectuadas.

6. Construye el equivalente a este termómetro con materiales caseros. Encontrarás una propuesta de instrucciones en:

www.tiching.com/744718

Material

- Matraz de 250 mL con tapón horadado
- Tubo de vidrio que llegue hasta casi el fondo del matraz y sobresalga entre 15 y 20 cm
- Vaso de precipitados
- Agua
- Alcohol farmacéutico (etanol)
- Colorante alimentario
- Rotulador indeleble

C. DETERMINAR EXPERIMENTALMENTE LA TEMPERATURA DE FUSIÓN

Medición del punto de fusión del hielo

1. Llena el vaso de precipitados con hielo picado, añade un poco de agua líquida y remueve. Introduce el temómetro en el vaso de precipitados.

2. Deja reposar un rato la preparación para que se estabilice la temperatura. Si se funde todo el hielo antes de que esto ocurra, añade más hielo.

3. Toma nota de la temperatura inicial y a partir de ese momento mide la temperatura cada dos minutos. Toma medidas hasta que todo el hielo se haya fundido.

4. Elabora una tabla con las medidas obtenidas:

Tiempo (min)	Temperatura (°C)

5. Construye un gráfico con los valores de la tabla (tiempo en abscisas y temperatura en ordenadas).

Material

- Vaso de precipitados
- Termómetro
- Agua y hielo

Preguntas

1. ¿Ha cambiado mucho la temperatura mientras se fundía el hielo?

2. Deduce a partir de los datos experimentales cuál es la temperatura de fusión del hielo.

Cambios de estado cotidianos

Los cambios de estado de la materia son fenómenos coti-dianos y, si prestamos un poco de atención, los podremos descubrir en nuestro entorno.

A FRAGMENTACIÓN DE LAS ROCAS

Una de las causas de la fragmentación de las ro-cas en las zonas frías es por el agua de lluvia que se introduce en las fisuras de las rocas y se congela cuando la temperatura baja de los 0 °C.

La mayoría de las sustancias disminu-yen su volumen cuando pasan de es-tado líquido a sóli-do, pero el agua es una excepción.

El volumen del hielo aumenta aproxima-damente un 9% res-pecto del volumen del agua líquida.

Al aumentar el volumen, el agua congelada empuja fuertemente las rocas desde dentro hasta que, poco a poco, acaba rompiéndolas, por muy duras que sean.

Este fenómeno llamado **gelifracción**, es común en zonas de alta montaña con cambios de temperatura muy acusados.

C SECADO DE LA ROPA

El secado de la ropa se produce por la evapora-ción del agua que la humedece.

El método de secado más tradicional es tenderla y que el agua se evapore por acción del sol y el viento. El secado será más rápido cuanto más extendida este la ropa porque la evaporación es un fenómeno de su-perficie.

Las secadoras modernas mantienen un flujo de aire caliente sobre la ropa mojada. Este aire, cuando está húme-do, se enfría bruscamente para que el vapor de agua que contiene se con-dense en un depósito aparte.

B REHIELO DE LA NIEVE

Cuando se toma una cantidad de nieve y se pre-siona para moldearla en forma de bola lo que hace-mos es fundir algo de nieve por la presión ejercida. Cuando cesa la presión, el agua líquida se congela de nuevo y ese hielo ocupa el espacio entre los cris-tales de nieve y, a modo de cemento, consolida la bola de nieve.

El mismo fenómeno de rehielo, aunque por causa distinta, se produce cuando cogemos algún objeto metálico muy frío del congelador y se nos pega a la mano.

El calor de nuestro cuerpo funde un poco el hielo que recubre el objeto, pero al cabo de un momento, cuando nuestra mano ya está muy fría, el agua fun-dida se rehiela y cementa el espacio entre nuestra piel y la superficie del objeto.

D GÉISERES

Los géiseres se producen por filtraciones naturales de agua que llenan grietas verticales en terrenos volcánicos activos.

El agua llega a la zona más profunda de la grieta y se calienta de tal manera que su temperatura aumenta hasta alcanzar el punto de ebullición.

Pero en ese momento aún no se vaporiza porque las irregularidades de la grieta y el peso del agua líquida que hay por encima actúan como la tapa de una olla a presión.

Y así el agua se sobrecalienta hasta que supera la presión que la aprisiona y surge explosivamente. La erupción expulsa una mezcla de vapor y casi toda el agua, y por eso no se produce otra erupción hasta que no se llena de nuevo la grieta.

@ Amplía en la Red...

Observa un video y una animación que explica el fenómeno en: www.tiching.com/744719 y www.tiching.com/744720

E ¿QUÉ EXHALAMOS CUANDO HACE FRÍO?

El aire contiene oxígeno que necesitamos para quemar los alimentos y así obtener energía. Cuando respiramos tomamos aire y después lo expulsamos, pero este contiene dióxido de carbono y agua, los residuos de la combustión.

Si ese día hace mucho frío y no hay demasiada humedad ambiental, de tu boca saldrá una nube que parece humo, pero que es realmente agua que se condensa instantáneamente, millones y millones de minúsculas gotas de agua. Una nube en miniatura.

Actividades

1. ✅ 🌐 🏛 Explica los siguientes fenómenos:

   a. ¿Por qué se rompe una botella o una lata de refresco si se deja mucho tiempo en el congelador?

   b. ¿Por qué, en cambio, no se rompe una botella de alcohol farmacéutico en las mismas circunstancias?

   c. ¿Por qué se forma escarcha en las noches muy frías?

   d. ¿Por qué estallan las palomitas en el microondas?

   e. ¿En qué estado se encuentra el agua de las nubes?

   f. ¿Qué se consigue al soplar sobre la cuchara llena de caldo muy caliente antes de tomarlo?

   g. ¿Por qué se forma vaho al lanzar el aliento sobre un espejo?

2. @ Se puede conseguir un efecto de niebla instantáneo empleando hielo seco (dióxido de carbono en estado sólido). Puedes ver una demostración en el video:

   www.tiching.com/744721

   Explica cómo se produce la niebla blanca que se ve en el video.

3. ✅ 🔤 🏃 Cuando hierve el agua se foman burbujas en el fondo que suben hasta la superficie y explotan, pero ¿qué hay dentro de una burbuja de agua hirviendo?

   Representa el fenómeno en tu cuaderno e indica dónde hay agua líquida, dónde agua gas, y dónde mezcla de agua gas y aire.

Leyes de los gases

En los gases, la temperatura, la presión y el volumen están relacionados entre sí. Las principales leyes que describen estas relaciones son las que veremos a continuación.

▶ Ley de Boyle

Robert Boyle (1627-1691) fue un científico que en el siglo XVII estudió la relación entre el volumen de un gas y la presión a la que se encontraba.

El experimento que realizó se describe de forma simplificada en la figura de la derecha.

Puedes ver un recipiente que contiene un gas sometido a una presión por el efecto de unos pesos que hay encima de un embolo desplazable.

Al principio hay cuatro pesas y el gas ocupa cierto volumen *V*. Al quitar dos pesos la presión disminuye a la mitad y se observa que el volumen aumenta el doble, hasta 2*V*. Al dejar solo un peso se observa que el volumen aumenta hasta 4*V*.

En vista de lo observado, Boyle concluyó que para una cierta cantidad de gas a temperatura constante, el volumen que ocupa es inversamente proporcional a la presión a la que se encuentra.

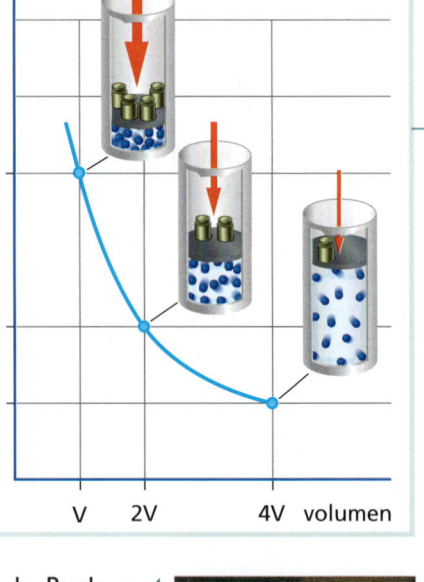

La ley de Boyle, o ley de Boyle-Mariotte, fue formulada independientemente por el físico y químico irlandés Robert Boyle (1662) y por el físico y botánico francés Edme Mariotte (1676).

Globos aerostáticos

En el suelo se llena el globo con aire mediante un compresor.

El siguiente paso es calentar el aire del globo mediante unos quemadores de gas propano ubicados en la parte inferior del globo.

El aire caliente aumenta de volumen, por lo que disminuye su densidad respecto al aire frío del exterior y, en consecuencia, el globo experimenta una fuerza ascensional y se eleva.

Para descender se apaga el quemador y se abre un poco una obertura superior para que vaya saliendo aire caliente por arriba y su lugar sea ocupado por aire frío más denso.

Los hermanos Montgolfier idearon el primer globo aerostático, y bajo su dirección se llevó a cabo en 1783, en el palacio de Versalles (Francia), la primera ascensión tripulada.

Ley de Charles

El científico francés Jacques Charles (1746-1823) descubrió que el volumen de un gas depende directamente de la temperatura.

Si se tiene cierta cantidad de gas a una presión constante, al aumentar la temperatura, el volumen del gas se incrementa en la misma proporción, y al disminuir la temperatura, el volumen del gas disminuye en igual proporción.

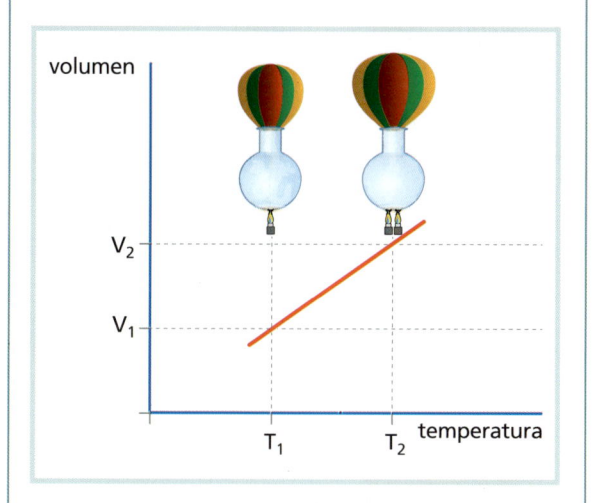

Ley de Gay-Lussac

El científico francés Joseph Louis Gay-Lussac (1778-1850) descubrió que la presión de un gas depende directamente de la temperatura.

Si se tiene cierta cantidad de gas a un volumen constante y se aumenta la temperatura, la presión del gas se incrementa en la misma proporción, y al disminuir la temperatura, la presión del gas disminuye en la misma proporción.

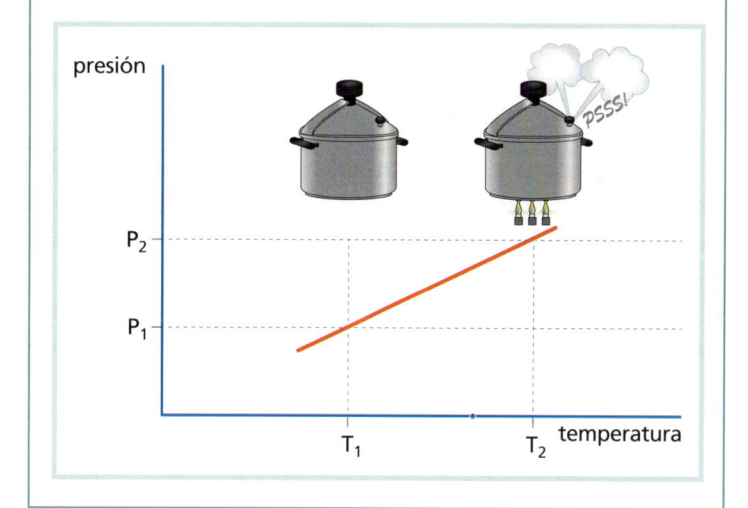

Actividades

1. Deduce a partir de la gráfica que recoge la ley de Boyle y que puedes ver en la página anterior:

   a. ¿Cuál hubiese sido el volumen del gas si en el émbolo se hubiesen puesto tres pesos?

   b. Si se ponen muchos pesos, ¿el volumen del gas podría llegar a ser cero? ¿Qué podría suceder antes de llegar a ese punto?

2. Explica cómo se justifica la ley de Boyle según la teoría cinético-molecular de la materia.

3. Los submarinistas pueden hacer inmersiones durante mucho tiempo gracias a las botellas de aire que llevan. ¿Cómo pueden respirar tanto tiempo con unas botellas tan pequeñas?

   Investiga y explica qué mecanismos reguladores llevan las botellas para que el submarinista pueda usarlas.

4. Explica cómo se justifica la ley de Charles según la teoría cinético-molecular de la materia.

   Observa el siguiente video y explica científicamente lo que sucede:

   www.tiching.com/744722

   A continuación, analiza este video y explica cómo se demuestra la ley de Charles con este experimento:

   www.tiching.com/744723

5. Explica cómo se justifica la ley de Gay-Lussac según la teoría cinético-molecular de la materia.

   Observa este video y explica cómo se demuestra la ley de Gay-Lussac con el experimento:

   www.tiching.com/744724

6. Describe con palabras la relación entre la temperatura, el volumen y la presión de un gas.

6 Sustancia química pura

6.1. Propiedades de la materia

Encontramos muchos tipos de materia a nuestro alrededor: agua, vidrio, hierro, madera, mármol…, y normalmente no tenemos dificultades para distinguir unos de otros.

Los diferentes tipos de materia, que de manera general también llamamos *sustancias*, nos resultan fácilmente identificables porque cada uno muestra una serie de propiedades que lo diferencian del resto.

Las propiedades de la materia se clasifican en:

- **Propiedades extensivas**. Son aquellas comunes a cualquier tipo de materia y que dependen de la cantidad que haya. La masa y el volumen son propiedades extensivas.

- **Propiedades intensivas**. Son aquellas específicas de un tipo de materia determinado y que no dependen de la cantidad que haya. Algunas propiedades intensivas son: color, olor, sabor, densidad, punto de fusión…

Las propiedades intensivas sirven para distinguir una sustancia de otra. Por ejemplo, el agua y el etanol son dos sustancias que pueden confundirse a simple vista porque son líquidos incoloros $\boxed{\text{fig. 1}}$. No obstante, si podemos olerlos es fácil distinguirlos. Y si además llevamos a cabo una serie de medidas: densidad, punto de fusión, etc., no nos cabría duda alguna de que son dos sustancias completamente diferentes $\boxed{\text{tabla 1}}$.

$\boxed{\text{Fig. 1}}$ El agua y el etanol tienen un aspecto muy parecido, pero por su olor es fácil distinguirlos.

Tabla 1

Propiedades	Agua	Etanol
Densidad (g/cm³)	1	0,8
Punto de fusión (°C)	0	−114
Punto de ebullición (°C)	100	78
Viscosidad a 20 °C (m · Pa · s)	1	1,2

Viscosidad

La **viscosidad** es la resistencia que muestra un líquido a fluir. Por ejemplo, la miel es mucho más viscosa que el agua.

Ejemplo

1. El estaño y el plomo son dos metales de aspecto parecido pero densidades distintas: la densidad del estaño es 7,31 g/cm³ y la del plomo, 11,35 g/cm³. Para identificar de qué metal es una muestra de forma irregular y masa 80,4 g se determinó su volumen por inmersión en agua. ¿De qué metal es la muestra?

El volumen del metal es la diferencia entre los dos volúmenes medidos con la probeta:

$$V_{\text{metal}} = V_{\text{final}} - V_{\text{inicial}} = 66 \text{ mL} - 55 \text{ mL} = 11 \text{ mL}$$

Ahora ya se puede calcular la densidad, d, del metal como el cociente entre su masa y el volumen que ocupa:

$$d = \frac{m}{V} = \frac{80,4 \text{ g}}{11 \text{ mL}} = 7,31 \text{ g/mL} = 7,31 \text{ g/cm}^3$$

Se trata, como puede comprobarse, de estaño.

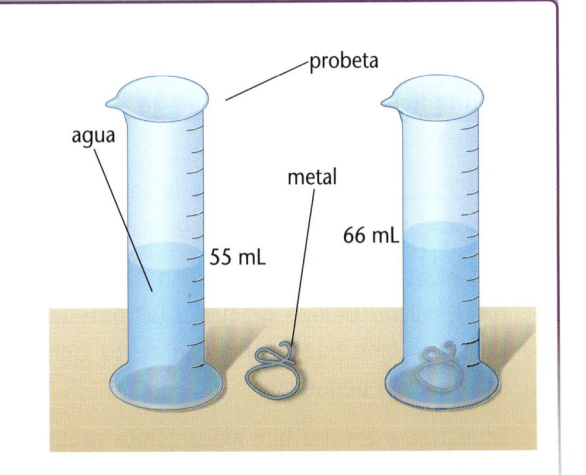

probeta

agua

metal

55 mL

66 mL

6.2. Sustancia química pura

Seguramente alguna vez has escuchado o empleado la expresión *agua pura de manantial* o *miel pura*. ¿Qué se pretende decir cuando se califica una sustancia de *pura*?

En el lenguaje común se dice que una sustancia es pura si es de origen natural y no contiene contaminantes o aditivos artificiales. Desde este punto de vista, el agua de manantial es agua pura y el agua del grifo no lo es porque ha sido tratada químicamente para potabilizarla; y decimos que la miel es pura cuando no ha sido adulterada con azúcares o melazas de origen vegetal.

Sin embargo, en el lenguaje científico la noción de sustancia pura es muy diferente.

> Una **sustancia química pura** es cualquier sustancia que tiene una composición química definida y unas propiedades intensivas invariables.

Para los químicos ni el agua de manantial ni la miel son sustancias puras porque, por muy natural que sea su origen, son mezclas de diferentes sustancias fig. 3 .

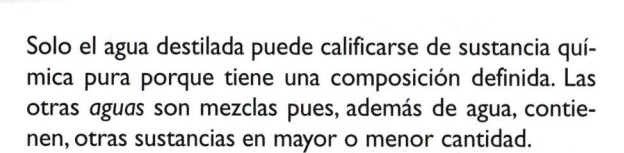

Agua de manantial

Agua potable

Agua residual

Agua carbónica

Agua desionizada

Agua destilada

Solo el agua destilada puede calificarse de sustancia química pura porque tiene una composición definida. Las otras *aguas* son mezclas pues, además de agua, contienen, otras sustancias en mayor o menor cantidad.

Actividades

1. La *dureza* es una propiedad de los sólidos que indica la oposición que muestra a ser rayado. ¿La dureza es una propiedad extensiva o intensiva? Justifica la respuesta.

2. ¿Qué se entiende por *sustancia pura* en el lenguaje común? ¿Y en el científico?

3. En la publicidad de alimentos es frecuente garantizar que son productos puros. Busca en diarios, revistas o internet anuncios de productos que utilizan ese argumento y explica qué significa realmente según el caso.

4. Encontramos muy pocas sustancias puras a nuestro alrededor. ¿Podrías mencionar alguna que, con bastante seguridad, creas que lo es realmente? ¿Cómo se podría estar completamente seguro?

5. Una pieza de metal de 150 g de masa tiene un volumen 19,2 cm^3. ¿Cuál es la densidad del metal? ¿Solo a partir de la densidad podemos saber si se trata de un metal puro?

6. Investiga cómo se obtiene el agua destilada.

1 Observa y deduce. Estados de agregación ✅ 🏃 🏃‍♀️

Una clase diferencia materiales en función de su estado físico. Todos están de acuerdo en clasificar un trozo de arenisca (una roca sedimentaria constituida por granos de arena compactados) como un sólido, porque tiene consistencia y una forma bien definida y permanente.

Sin embargo, dudan sobre el estado físico de la arena de playa porque observan que, contenida en un reloj de arena, adopta la forma del recipiente, igual que si fuese un líquido. ¿Qué opinas tú al respecto?

2 Reflexiona. Los cambios de estado 🔵

a) Considera los cambios de estado representados por las letras A, B, C y D:

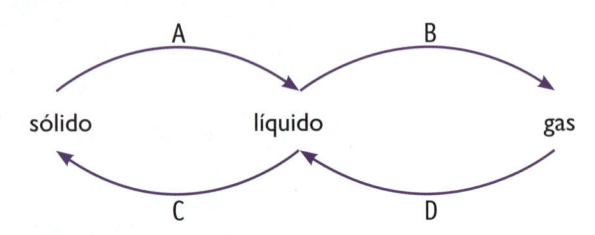

- Indica los nombres de los cambios de estado representados por las letras A, B, C y D.

- ¿Cuáles de estos cambios se consiguen por calentamiento? ¿Y cuáles por enfriamiento?

b) Copia en tu cuaderno la figura que representa el estado físico de varias sustancias en función de la temperatura:

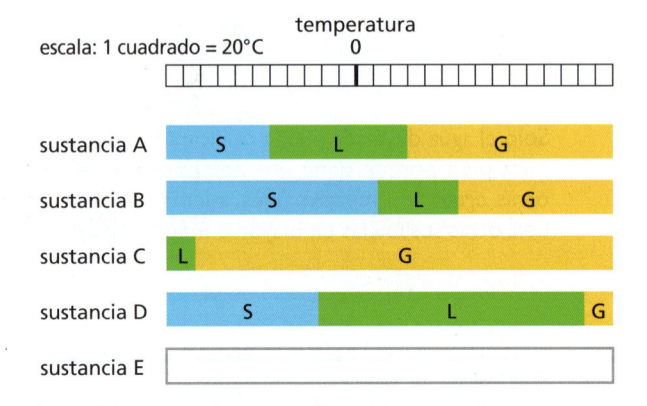

Analiza la información de la figura y responde:

- ¿En qué estado se encuentra cada sustancia a la temperatura ambiente de 20 °C? ¿Y a −100 °C?

- ¿Cuáles son los puntos de fusión y ebullición de la sustancia D?

- ¿Alguna de las sustancias mostradas podría ser agua?

- Completa la figura con una quinta sustancia E cuyos puntos de fusión y ebullición sean −80 °C y 200 °C.

3 Lee y responde. La evaporación ✅ 🔵

Lee el texto, observa las fotografías y justifica qué recipiente será más eficaz para mantener fría el agua.

¿Por qué se mantiene fría el agua conservada en una vasija de barro?

Las vasijas de barro están hechas con arcilla, un material muy poroso que permite que se vaya filtrando algo del agua que contienen hacia el exterior. Ese flujo de agua es pequeño, pero constante, y cuando el agua llega a la superficie de la vasija se evapora rápidamente, sobre todo si el ambiente es seco. Como el cambio de estado de líquido a gas necesita calor, se extrae en buena parte del recipiente y este, por contacto, lo extrae del agua que contiene, y por eso el agua se enfría.

4 Saca conclusiones. **Cambios físicos cotidianos**

a) Explica por qué se llena de vaho el espejo del baño cuando te duchas con agua caliente. ¿Hay otras circunstancias en que también suceda lo mismo?

b) En muchas terrazas de bares hay instalados unos nebulizadores que funcionan en los días muy calurosos. Explica el fundamento científico de su utilidad.

c) Explica el beneficio que obtienes al sudar y qué podría sucederte si prácticas un deporte muy exigente físicamente sin beber agua durante mucho tiempo.

5 Analiza y explica. **Efectos cotidianos**

a) En la fotografía de la derecha se muestra una junta de dilatación situada en la calzada de un puente. ¿Para qué sirven las juntas de dilatación?

b) Para enfriar un vaso de agua del grifo se ponen unos cubitos de hielo. Después de un rato, los cubitos se han fundido y la temperatura del agua ha disminuido. Explica si estás de acuerdo o no con estas afirmaciones:

- La masa de agua que hay al principio y al final es la misma.
- El volumen de agua que hay al principio y al final es el mismo.
- La densidad que tiene el agua al principio y al final es la misma.

c) En las recetas que emplean ollas a presión se indica el tiempo que hay que mantener el alimento en cocción, así como el tiempo a partir del momento en el que comienza a salir vapor de la válvula de seguridad.

¿Crees que esa es la única finalidad de las válvulas de seguridad? ¿Qué podría pasar si en una olla a presión la válvula estuviese atascada?

6 Analiza un experimento. Cambios de estado ✅ 🔢 A⌂A 👫 @

a) Una clase se dividió en cuatro grupos y cada uno de ellos llevó a cabo un experimento. Analízalos. Llenaron un vaso de precipitados con una sustancia líquida y tomaron su temperatura inicial. Después pusieron el vaso en el congelador y cada 3 minutos tomaron la temperatura. Dibujaron la siguiente gráfica:

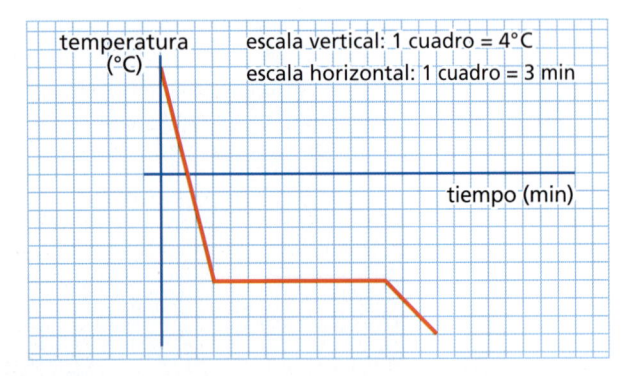

escala vertical: 1 cuadro = 4°C
escala horizontal: 1 cuadro = 3 min

- ¿Cuál era la temperatura inicial del líquido?
- ¿Cuál es la temperatura de solidificación de la sustancia? ¿Cuánto tiempo ha durado el proceso de solidificación?
- ¿En qué estado físico se encuentra la sustancia a los tres minutos de haberla introducido en el congelador? ¿Y pasada media hora?
- ¿Después de cuánto tiempo la sustancia está completamente congelada?

b) Calentaron una sustancia sólida hasta que se fundió completamente. Calentaron un poco más, hasta los 65 °C, y dejaron de calentar. Pusieron dentro un termómetro y midieron la temperatura cada dos minutos. Los datos que tomaron están en la siguiente tabla:

Tiempo (min)	0	2	4	6	8	10	12	14	16
Temperatura (°C)	65	60	55	55	55	55	55	52	49

- Dibuja la gráfica poniendo el tiempo en el eje de abscisas y la temperatura en el eje de ordenadas.
- Explica en qué estado físico se encuentra la sustancia en cada uno de los tres tramos de la gráfica.
- ¿Por qué la temperatura permanece estable a 55 °C durante tanto tiempo?

c) Tomaron dos vasos llenos de agua hasta la mitad. En uno pusieron cuatro cubitos de hielo y en el otro solo dos. Al principio los cubitos se fundieron bastante deprisa, pero después de un rato observaron que aún quedaba hielo por fundir y que la temperatura se había estabilizado.

Justifica cuál de las siguientes explicaciones describe mejor la situación en ese momento:

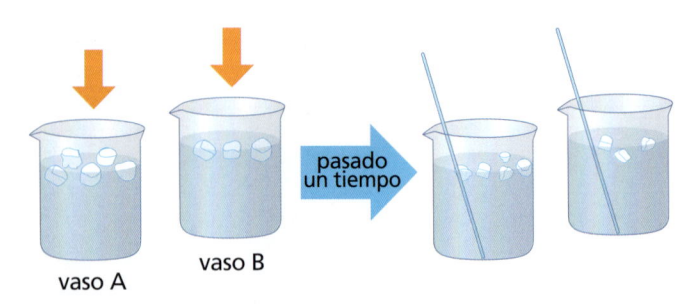

vaso A   vaso B   pasado un tiempo

- El agua del vaso A estará un poco más fría que la del vaso B porque queda más hielo por fundir.
- El agua del vaso B estará un poco más fría que la del vaso A porque como había menos hielo se ha fundido más cantidad.
- El agua de los dos vasos está a la misma temperatura porque todavía queda hielo por fundir.
- El agua del vaso A estará el doble de fría que la del vaso B porque se puso el doble de hielo.

d) Introdujeron un globo pequeño en una jeringa sellada por un extremo.

Desplazaron el émbolo hacia abajo y observaron que el globo se hacía cada vez más pequeño.

A continuación desplazaron el émbolo hacia arriba y vieron que el globo se hacía cada vez más grande.

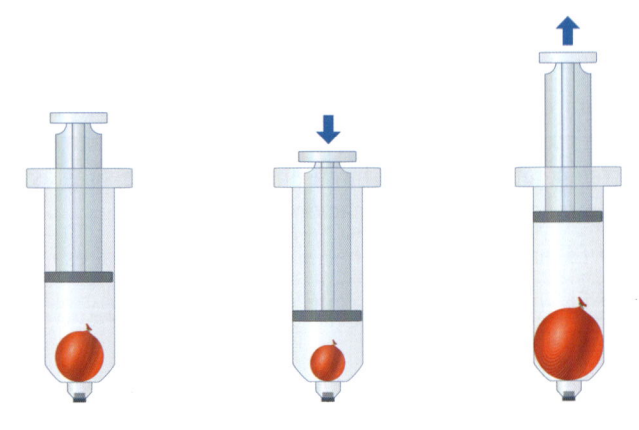

El grupo llegó a la conclusión de que era una demostración de la ley de Boyle.

Explica los cambios observados en el volumen del globo en función de los cambios de presión provocados por el desplazamiento del émbolo.

Puedes visualizar el experimento mencionado en:

www.tiching.com/744725

Síntesis. Estados de la materia

Estados de agregación

✔ La materia se presenta en la naturaleza en tres **estados físicos** o **estados de agregación**.

✔ Los **sólidos** tienen forma permanente y volumen constante. Las partículas de los sólidos están fuertemente unidas, sujetas en estructuras rígidas.

✔ Los **líquidos** tienen volumen constante pero adoptan la forma del recipiente que los contiene. Sus partículas resbalan libremente entre ellas sin llegar a formar estructuras estables.

✔ Los **gases** no tienen forma definida ni volumen propio, ocupan todo el espacio disponible. Sus partículas se mueven libremente en todas direcciones, golpeando las paredes del recipiente y ejerciendo **presión**.

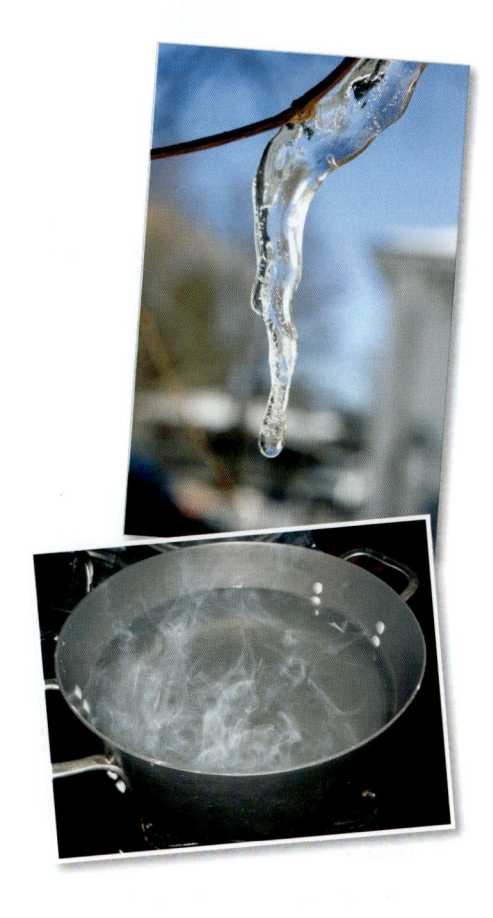

Cambios de estado

✔ La **fusión** es el paso de sólido a líquido de una sustancia. La temperatura a la que se produce es la **temperatura de fusión**.

✔ La **solidificación** es el paso de líquido a sólido.

✔ La **condensación** es el paso de gas a líquido.

✔ La **vaporización** es el paso de líquido a gas. La **ebullición** ocurre a la **temperatura de ebullición** y en todo del líquido. La **evaporación** sucede a cualquier temperatura pero solo en la superficie.

✔ La **sublimación** es el paso directo de sólido a gas o viceversa.

Sustancia química pura

✔ Una **sustancia química pura** es cualquier sustancia que tiene una composición química definida y unas **propiedades intensivas** invariables.

---

1 CONSOLIDA LO APRENDIDO

a) ✅ ¿En qué estados físicos o estados de agregación se encuentra la materia?

b) ¿Cuáles son los principales postulados de la teoría cinético-molecular de la materia?

c) ¿Qué provoca la presión de un gas?

d) ✅ ¿Qué nombre reciben los distintos cambios de estado?

e) ¿Qué efecto tiene la temperatura sobre los cambios de estado? ¿Y la presión?

f) ¿Qué relación hay entre el volumen de un gas y la presión a la que se encuentra?

g) ✅ ¿Cómo varía el volumen de un gas al cambiar su temperatura?

h) ¿Cómo cambia la temperatura de un gas al aumentar su presión?

i) ¿Qué diferencia hay entre las propiedades intensivas y las propiedades extensivas de la materia?

j) ¿Qué es una sustancia química pura?

2 DEFINE CONCEPTOS CLAVE

- Estado de agregación
- Cambio de estado
- Presión
- Sustancia química pura
- Evaporación
- Ebullición

RESPONDE A LA PREGUNTA INICIAL

Después de haber estudiado este tema, puedes responder a la pregunta inicial:

¿Cómo se presenta la materia en la naturaleza?

Redacta un texto de entre 10 y 20 líneas que resuma las conclusiones a las que hayas llegado.

AFIANZA LO APRENDIDO

Para consolidar los conocimientos adquiridos, puedes efectuar las actividades propuestas en:

www.tiching.com/744951

Están preparadas en un documento en formato pdf que puedes descargarte. Al final, hallarás las soluciones.

3 MEZCLAS

¿Cuántas sustancias forman los materiales cotidianos?

En las salinas se aprovecha la energía del Sol para separar la sal de mesa del agua del mar, pero también de las demás sales disueltas.

El aire que respiramos es una mezcla de muchos gases: nitrógeno, oxígeno, dióxido de carbono… El oxígeno, que es el segundo gas en proporción en el aire, es el más importante para nosotros porque lo necesitamos para vivir.

Casi todos los materiales naturales o artificiales de nuestro entorno son mezclas de sustancias. Ni siquiera las sustancias químicas más puras que hay en los laboratorios están libres de contener pequeñas cantidades de otras sustancias.

El conocimiento de la naturaleza de las mezclas es muy importante para desarrollar técnicas de separación que permitan obtener sustancias de interés a partir de sus mezclas.

¿Qué sabemos?

- Si echas una cucharada de azúcar en un vaso con agua y remueves verás que el azúcar desaparece. Sin embargo, tú sabes que no ha desaparecido realmente sino que está de alguna manera dentro del agua, y la prueba es que su sabor es dulce.

  Dibuja una serie de esquemas que representen el proceso descrito a nivel microscópico según lo que creas que sucede.

- El agua del mar contiene muchas sales disueltas, principalmente cloruro de sodio, la sal común de cocina.

  ¿Cómo se extrae esta sal del agua del mar?

- En los contenedores amarillos de reciclaje se depositan envases de plástico, latas de conservas, briks…

  ¿Cómo se podrían separar las latas de conserva del resto?

¿Qué aprenderemos?

- De qué forma pueden combinarse distintas sustancias para formar sustancias nuevas.

- Cuál es la estructura interna de cada tipo de mezcla.

- Qué técnicas existen para separar una mezcla en las sustancias que la forman.

- Cómo se prepara una disolución.

1 Mezclas heterogéneas y homogéneas

1.1. Mezclas

La mayoría de materiales que empleamos en la vida diaria son mezclas, aunque por su aspecto no siempre lo parezcan. Las diferentes sustancias que forman parte de una mezcla reciben el nombre de **componentes** fig. 1 .

Las propiedades de las mezclas son variables porque dependen de la naturaleza de los componentes y de la proporción de cada uno.

Por ejemplo, si se juntan azúcar y sal, el sabor de la mezcla resultante será entre dulce y salado, pero con mayor tendencia hacia uno u otro sabor en función de la mayor o menor proporción de azúcar y sal.

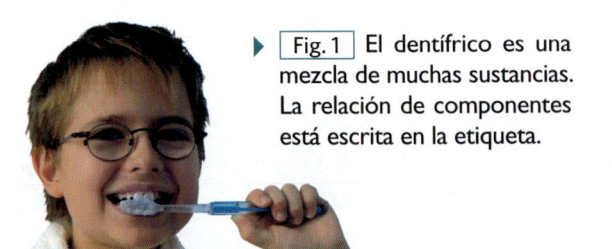

▶ Fig. 1 El dentífrico es una mezcla de muchas sustancias. La relación de componentes está escrita en la etiqueta.

▶ Mezclas heterogéneas

En una **mezcla heterogénea** se pueden distinguir los diferentes componentes a simple vista, o con una lupa, porque los tamaños de las partículas disgregadas en la mezcla son relativamente grandes.

▼ Mezcla heterogénea de sólidos. El granito es una roca mezcla de tres minerales que se ven a simple vista.

▼ Mezcla heterogénea de un sólido y un líquido. Al remover tierra y agua se forma una **suspensión**, pero, al dejarla reposar, la tierra se deposita en el fondo.

▼ Mezcla heterogénea de dos líquidos. El aceite y el agua son **inmiscibles** y por ello, aunque los removamos, acaban formando dos capas claramente separadas.

El aire

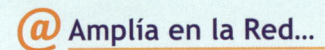

Como has leído en la introducción, los componentes mayoritarios del aire son el nitrógeno y el oxígeno.

El oxígeno es el gas más importante porque es indispensable para la respiración. En la respiración, los seres vivos toman oxígeno del aire y devuelven dióxido de carbono y agua.

El oxígeno del aire se regenera gracias a la fotosíntesis de las plantas, que toman dióxido de carbono del aire y devuelven oxígeno. El equilibrio entre respiración y fotosíntesis hace que la proporción de oxígeno en el aire haya sido bastante estable desde hace millones de años.

a) ¿El aire es una mezcla heterogénea?

b) ¿Qué dos gases son fundamentales para el mantenimiento de la vida en la Tierra?

@ Amplía en la Red...

Aprende más sobre el origen del aire que respiramos en:
www.tiching.com/744672

Mezclas homogéneas

En una **mezcla homogénea** no se pueden distinguir los diferentes componentes porque las partículas disgregadas tienen un tamaño tan pequeño que no son visibles, ni siquiera con los microscopios ópticos más potentes.

Las mezclas homogéneas reciben el nombre de **soluciones** o **disoluciones**.

El componente mayoritario de una disolución se llama **disolvente**, y el minoritario, **soluto**. El estado físico de la disolución es el mismo que el del disolvente.

El agua de mar es salada porque contiene mucha sal disuelta, pero la sal no se puede ver porque está disgregada en partículas muy pequeñas. Es una mezcla homogénea o disolución.

@ **Amplía en la Red...**

Aprende más sobre disoluciones en:
www.tiching.com/744673

Agua (disolvente) + azúcar (soluto)

Disolución de sólido en líquido. El azúcar es un sólido que se disuelve fácilmente en agua. Además, puede disolverse en grandes cantidades.

Agua (disolvente) + oxígeno (soluto)

Disolución de gases en líquidos. El oxígeno es un gas que se disuelve bastante en el agua. Lo suficiente para permitir la vida de los peces.

Agua + alcohol

Disolución de líquidos. El agua y el alcohol son dos líquidos que se mezclan en cualquier proporción. Por eso se dice que son totalmente **miscibles**.

Actividades

1. ¿Qué es una mezcla?

2. ¿Con qué criterio se clasifican las mezclas?

3. Justifica qué tipo de mezcla, homogénea o heterogénea, son:

   a. Zumo de naranja recién exprimido

   b. Agua de colonia

   c. Gaseosa

   d. Vinagre

4. ¿Qué son los líquidos inmiscibles? ¿Y los miscibles? Pon un ejemplo de dos líquidos que sean miscibles y otro de dos que sean inmiscibles.

5. ¿Qué se entiende por *soluto* y *disolvente* en una disolución? Pon un ejemplo.

6. Busca algún producto de uso doméstico que sea una mezcla y cuya lista de componentes conste en la etiqueta. Copia la lista de componentes en tu cuaderno. ¿Se trata de una mezcla homogénea o heterogénea?

Dispersiones coloidales

Una **dispersión coloidal** o **coloide** es una mezcla heterogénea en la cual el tamaño de las partículas de la sustancia disgregada es tan pequeño que a simple vista parece tratarse de una mezcla homogénea, pero que si se observa con un microscopio no demasiado potente las partículas se ven claramente.

Un ejemplo de dispersión coloidal es la leche. A simple vista es un líquido de color blanco de aspecto homogéneo, pero si observamos una gota de leche con un microscopio veremos pequeñas gotas de grasa de forma irregular dispersadas por el agua.

En las dispersiones coloidales, el componente minoritario recibe el nombre de **fase dispersa** y el componente mayoritario, **medio dispersor**.

Los tamaños de las partículas dispersas de un coloide varían entre 0,000 01 mm y 0,0001 mm, o lo que es lo mismo: si se ponen alineadas 10 000 partículas, cubrirían una longitud de entre 0,1 mm y 1 mm.

Algunas dispersiones coloidales habituales son la mayonesa, el merengue...

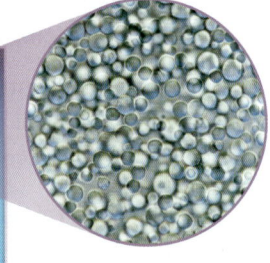

▶ Vaso de leche y zoom microscópico.

A LA MAYONESA

La mayonesa es aceite que contiene en su interior gotas muy pequeñas de zumo de limón dispersas. El aceite y el zumo de limón son líquidos inmiscibles y, en principio, no forman mezclas estables.

Para evitar que la mayonesa se corte, es decir, que se separe el zumo de limón del aceite, es necesario añadir alguna sustancia que estabilice la mezcla. Tales sustancias se llaman **emulsionantes** y en la receta clásica de la mayonesa esa función la cumple la yema de huevo.

B EL MERENGUE

El merengue se consigue al batir clara de huevo y azúcar. Con el batido se consigue que burbujas de aire se dispersen por el líquido y se forme una espuma líquida.

Si el merengue se hornea, la clara de huevo cuaja y se forma una estructura sólida donde las burbujas de aire quedan atrapadas: una espuma sólida.

◀ Las batidoras eléctricas consiguen que las burbujas de aire sean muy pequeñas y que el merengue sea más denso y estable.

@ Amplía en la Red...

Aprende más sobre las emulsiones empleadas en la cocina en: www.tiching.com/744674

C LA GELATINA

La gelatina es un líquido (normalmente un zumo de fruta) disperso en un sólido. Se prepara mezclando el zumo de frutas y hojas de gelatina neutra disueltas en agua.

Al dejar reposar la mezcla, la gelatina se solidifica y forma una estructura rígida llena de huecos en cuyo interior queda atrapado el zumo.

▼ La mayor parte de la gelatina es agua aunque su aspecto sea sólido.

Ingredientes de la mayonesa tradicional.

D EL HUMO

El humo es una dispersión de partículas sólidas muy finas en un gas. Normalmente se trata de los gases que se desprenden en una combustión.

Al quemar un material de manera incompleta se desprenden partículas muy pequeñas de ceniza y de material sin quemar totalmente (*carbonilla*).

Estas partículas mezcladas con los gases de combustión forman el humo. Por eso, si la combustión es buena no se produce humo, como sucede en cualquier cocina que funcine con gas y que tenga bien regulada la entrada de aire.

El color negro del humo indica que contiene muchas partículas de carbonilla.

E LA NIEBLA

La niebla se forma cerca o a ras de suelo cuando el vapor de agua del aire húmedo se condensa en forma de gotas muy pequeñas que, por su poco peso, quedan suspendidas en el aire.

Las nubes tienen un origen parecido, pero se forman a una altura mucho mayor, el tamaño de las partículas es más grande y, además, las partículas pueden ser también de hielo.

La niebla se forma cuando el aire contiene mucho vapor de agua y este se condensa.

▶ Aleaciones, ¿disoluciones o coloides?

Las aleaciones son mezclas, homogéneas o heterogéneas, de metales.

En joyería se utiliza oro, aleado con plata o cobre. De esta manera, la mezcla adquiere mayor dureza y se consigue una mayor gama de tonalidades.

Las aleaciones de oro son mezclas homogéneas: los diferentes metales no pueden distinguirse ni con un potente microscopio.

Un caso diferente es la aleación de estaño y plomo para soldadura, que forma una dispersión coloidal.

Con un microscopio se puede ver la estructura de la aleación: capas alternas de composición diferente.

▶ Estructura microscópica de la aleación Sn/Pb 60/40.

Actividades

1. ¿Qué es una dispersión coloidal? Pon algún ejemplo.

2. ✏️ 🔤 ¿Qué nombre reciben los componentes de las dispersiones coloidales?

3. Indica qué sustancias son el medio dispersor y la fase dispersa en los siguientes coloides:

   a. Mayonesa   b. Niebla   c. Humo

4. ✏️ 🔤 La lactonesa es un tipo especial de mayonesa sin yema de huevo. Busca información sobre su receta. ¿Qué emulsionante se emplea en la lactonesa?

5. @ Investiga y explica qué es el *efecto Tyndall*. ¿En qué mezclas de agua se producirá?

   a. Con alcohol   b. Con azúcar   c. Con leche

Separación de mezclas de sólidos

Para separar los componentes de una mezcla hay que aprovechar alguna propiedad que tenga uno de los componentes pero que no posean los otros.

Materiales
- Balanza
- Imán
- Vidrio de reloj
- Cedazo
- Vaso de precipitados
- Papel de filtro
- Cápsula de porcelana
- Cristalizador

A. SEPARAR POR IMANTACIÓN

Algunos metales, como hierro, cobalto o níquel, son atraídos por los imanes, y esa propiedad puede aprovecharse como técnica de separación.

Separación de una mezcla de azúcar y limaduras de hierro

1. Ensaya con algunos metales: hierro, cobre, estaño, aluminio... Averigua si son atraídos o no por un imán.

2. Mezcla un poco de hierro y un poco de azúcar. Toma un poco de la mezcla y pésala.

   Masa de la mezcla =

3. Pon la mezcla en un vidrio de reloj grande. Pasa el imán por encima de la mezcla y verás que el hierro es atraído por el imán. No intentes hacer la separación de una sola vez porque siempre queda azúcar atrapado entre las limaduras. Es mejor separar pequeñas cantidades cada vez.

4. Una vez tengas la mezcla separada, pesa cada componente:

   Masa del hierro:

   Masa del azúcar:

B. SEPARAR POR TAMAÑO

Otra propiedad que se aprovecha para separar componentes es el tamaño de las partículas.

Separación de una mezcla de azúcar y arroz

1. Toma una cierta cantidad de mezcla y pésala.

   Masa de la mezcla =

2. Pasa la mezcla por un cedazo de cocina. El azúcar atraviesa la rejilla y el arroz queda retenido.

3. Pesa por separado las masas del azúcar y del arroz:

   Masa del azúcar:

   Masa del arroz:

C. SEPARAR POR SOLUBILIDAD

Cuando el tamaño del grano es parecido, no es posible la separación con un cedazo. Sin embargo, pueden utilizarse otras diferencias.

Separación de una mezcla de sal y arena fina

1. Toma una cierta cantidad de la mezcla y pésala:

   Masa de la mezcla =

2. Introduce la mezcla en un vaso de precipitados, añade agua para disolver la sal (pero no demasiada) y remueve hasta que la sal se acabe de disolver. Comprobarás que la arena se queda en el fondo del vaso porque es insoluble en agua y, además, más densa.

3. Para separar el líquido sobrenadante de la arena puedes:

   – **Decantar** si la disolución es muy transparente. Consiste en inclinar el recipiente y pasar la solución sobrenadante a otro vaso.

   – **Filtrar** si la solución está algo turbia, pues eso indica que hay algo de arena en suspensión.

     El papel de filtro es un material poroso, como un cedazo pero de agujeros mucho más finos, y por eso deja pasar las partículas de agua y sal, pero retiene la arena.

4. Una vez separada la arena, déjala en un recipiente plano para que se seque al aire. Puedes acelerar el proceso si pones la arena en una cápsula de porcelana y calientas suavemente. Cuando tengas la arena seca, pésala:

   Masa de la arena:

5. Para recuperar la sal puedes hacerlo por dos métodos:

   – Un método rápido es la **vaporización**. Pon la disolución en una cápsula de porcelana y caliéntala. Cuando el agua llegue al punto de ebullición, se vaporizará y la sal quedará como un residuo seco de grano fino.

   – **Cristalización**. Vierte la solución en un recipiente de boca ancha y deja que el agua se evapore. Después de unos cuantos días verás que aparecen cristales de sal que crecen a medida que el agua se evapora. Este método es lento pero permite obtener cristales de sal más grandes.

     Cuando tengas la sal seca, pésala:

     Masa de la sal:

Actividades

1. En las experiencias A y B, la suma de las masas de los componentes es igual a la masa inicial, pero en la experiencia C no sucede lo mismo. ¿Por qué?

2. Las limaduras de hierro mezcladas con azúcar se pueden separar fácilmente con un imán. Sin embargo, si no tienes un imán ¿cómo lo harías?

3. Explica en qué se parecen y en qué se diferencian la vaporización y la cristalización.

4. Describe el procedimiento que emplearías para separar las siguientes mezclas sólidas:

   a. Serrín y azúcar

   b. Latas de aluminio y de hierro

   c. Arena y lentejas

   d. Arroz, sal y arena

4 Separación de mezclas de líquidos

Las mezclas de líquidos pueden ser inmiscibles, como el agua y el aceite, o miscibles, como el agua y el alcohol.

@ Amplía en la Red...

Aprende más sobre técnicas de separación en:
www.tiching.com/744675

A. SEPARAR POR DECANTACIÓN

Las mezclas de líquidos que pueden separarse con más facilidad son las heterogéneas, es decir, las formadas por líquidos inmiscibles.

Separación de una mezcla de agua y aceite

1. Prepara una mezcla con 50 mL de agua y 50 mL de aceite en un vaso de precipitados.

2. Agita la mezcla con una varilla de vidrio. Las gotas de aceite quedan momentáneamente en suspensión, pero en poco tiempo agua y aceite se separan en dos capas bien diferenciadas. La capa superior es el aceite porque su densidad es menor que la del agua.

3. Introduce la mezcla en un embudo de decantación.

4. Sujeta el embudo de decantación a un soporte.

5. Pon un vaso de precipitados debajo del embudo y abre la llave para que caiga el agua. Hazlo poco a poco y cierra la llave cuando hayas llegado casi a la capa de aceite.

6. Mide con una probeta el volumen del agua recuperada y anótalo.

   Volumen del agua: ▬

7. Toma otro vaso y deja caer el agua que quedaba y un poco de aceite. En esta técnica siempre se pierde un poco de la mezcla porque para conseguir una mejor separación hay que despreciar la parte de la mezcla que se encuentra en la frontera de separación.

8. Toma otro vaso de precipitados y deja caer el aceite que queda.

9. Mide con una probeta el volumen del aceite recuperado y anótalo.

   Volumen del aceite: ▬

Material

- Vaso de precipitados de 250 mL
- Varilla de vidrio
- Embudo de decantación
- Soporte y pinzas
- Probeta

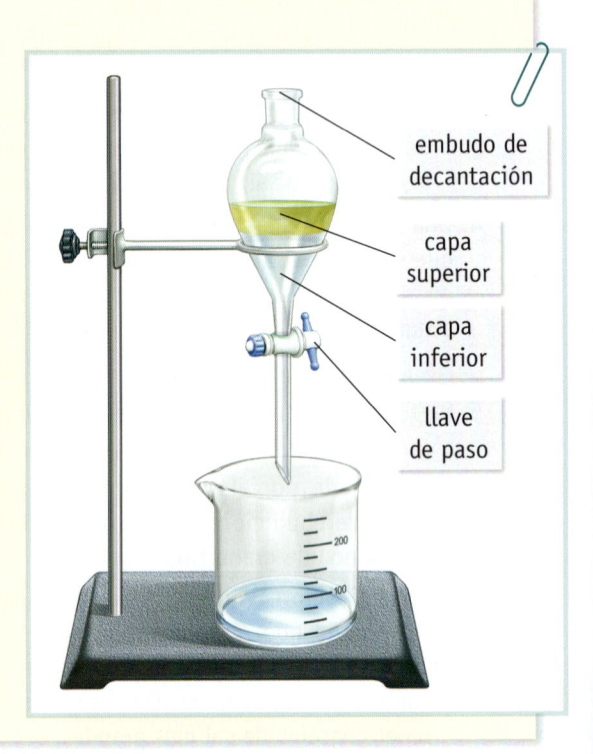

embudo de decantación

capa superior

capa inferior

llave de paso

B. SEPARAR POR DESTILACIÓN

El vino es una disolución de agua y muchas sustancias, entre ellas alcohol (etanol).

Para separar el alcohol del agua se puede aprovechar que su punto de ebullición (78 °C) es menor que el del agua (100 °C). La técnica de separación que emplearás es la **destilación**.

Para efectuar este proceso se precisan dos elementos característicos: la **columna de destilación** y el **refrigerante**. La columna, simple o fraccionada, permite la separación de los componentes. El refrigerante facilita la condensación del vapor al hacer circular agua fría a contracorriente por la camisa externa.

Material

- Matraz
- Calentador
- Columna de destilación
- Termómetro
- Refrigerante
- Soporte y pinzas
- Erlenmeyer

Separación de agua y alcohol

1. Monta el aparato de destilación.

2. Pon en el matraz unos 100 mL de vino y caliéntalos. Cuando se llega a la temperatura de ebullición del alcohol, este se vaporiza y llega en estado gas hasta el condensador. Allí se enfría y se condensa, de manera que se recupera en forma líquida.

3. Cuando hayas conseguido unos 10 mL de destilado, detén la destilación porque una vez vaporizado el etanol solo queda agua.

4. Comprueba que el destilado tiene olor a alcohol. Mójate las manos con un poco de destilado y notarás la típica sensación de frescor que produce el alcohol.

   Tu profesor o profesora puede ensayar la combustión con un poco de destilado.

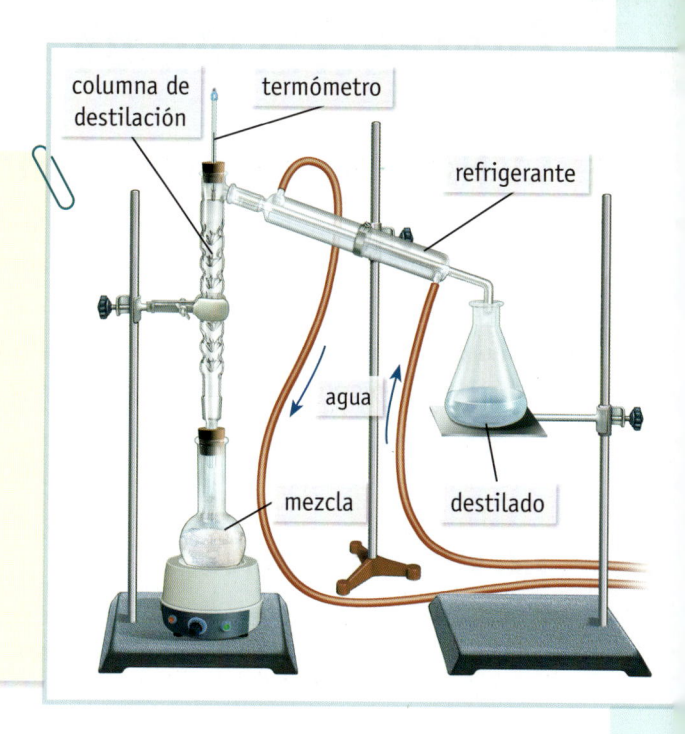

C. SEPARAR POR CROMATOGRAFÍA

Algunas de las tintas de los rotuladores contienen un único componente que da el color, pero la mayoría son mezclas. Para separarlas emplearás la técnica llamada **cromatografía en papel**.

Separación de tintas de colores por cromatografía

1. Recorta un rectángulo de papel cromatográfico de unos 6 cm de ancho y, de largo, un poco menos que la altura de un vaso de precipitados de 250 mL.

2. Dibuja con un lápiz una línea recta a 1 cm del extremo de uno de los lados cortos. Pon una gota de cada tinta que vas a ensayar sobre la línea. Separa las gotas una distancia de entre 1-2 cm y procura que las manchas sean concentradas y pequeñas.

3. Pon un poco de alcohol (etanol) en el fondo de un vaso de precipitados procurando que el nivel del alcohol no alcance las manchas de tinta.

4. Dobla el papel por la mitad para sostenerlo verticalmente e introdúcelo en el vaso. Luego tapa el vaso con un vidrio de reloj.

5. El disolvente sube lentamente por el papel y en su camino arrastra las gotas de tinta. Como cada componente es arrastrado a una velocidad diferente, después de un rato los componentes se habrán separado y en el papel quedarán una serie de manchas de colores, tantas como componentes tenga la tinta ensayada.

Material
- Papel cromatográfico (o papel de filtro de buena calidad)
- Lápiz
- Alcohol (etanol)
- Vaso de precipitados de 250 mL
- Vidrio de reloj
- Rotuladores de colores

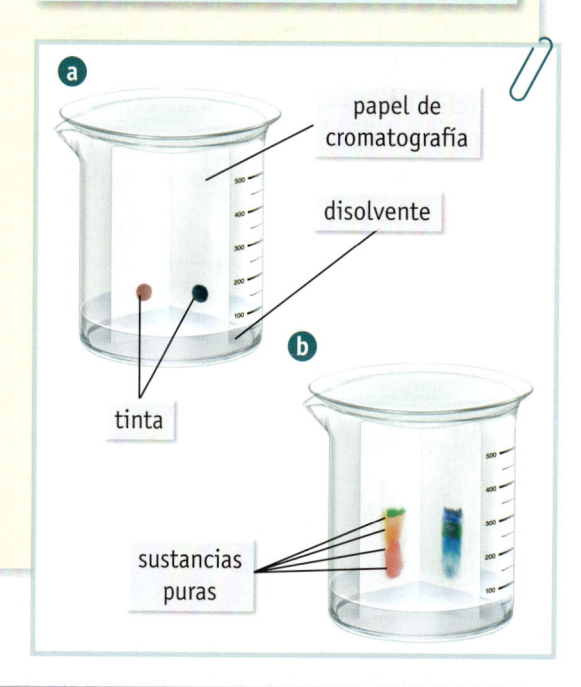

Actividades

1. Explica qué procedimiento seguirías para separar las siguientes mezclas de líquidos:

   a. El alcohol de la cerveza   b. Aceite y agua   c. Gasolina y agua   d. Agua y agua de colonia

5 Concentración de las disoluciones

5.1. Disoluciones diluidas y concentradas

En una disolución, la proporción entre la cantidad de soluto y de disolvente puede variar mucho. De una manera cualitativa las soluciones se clasifican en:

- **Diluidas**: si la cantidad de soluto disuelto es muy pequeña en comparación con la cantidad de disolvente fig. 1a .

- **Concentradas**: si la cantidad de soluto disuelto es grande en comparación con la cantidad de disolvente fig. 1b .

5.2. Disolución saturada

Si tomas un vaso de agua, añades una cucharada de sal y remueves, al cabo de poco tiempo observarás que la sal se ha disuelto completamente.

Si continúas añadiendo cucharadas de sal observarás que cada vez cuesta más que se disuelva, y llegará un momento en el que por mucho que remuevas ya no se disolverá más sal.

Cuando la solución ya no admite más soluto, se dice que está **saturada** fig. 2 . La cantidad de soluto disuelta en ese momento se denomina *solubilidad*.

> La **solubilidad** es la cantidad máxima de soluto que se puede disolver en 100 g de disolvente a una temperatura determinada.

La solubilidad aumenta con la temperatura, pero la magnitud del efecto depende de la sustancia. Así, por ejemplo, la sal común (cloruro de sodio) apenas cambia su solubilidad con la temperatura y, en cambio, el azúcar común (sacarosa) es el doble de soluble en agua caliente que en agua fría fig. 3 .

Fig. 1a Disolución diluida.

▶ Fig. 1b Disolución concentrada.

▼

Fig. 2 Que haya sal en el fondo del vaso indica que es una situación de saturación.

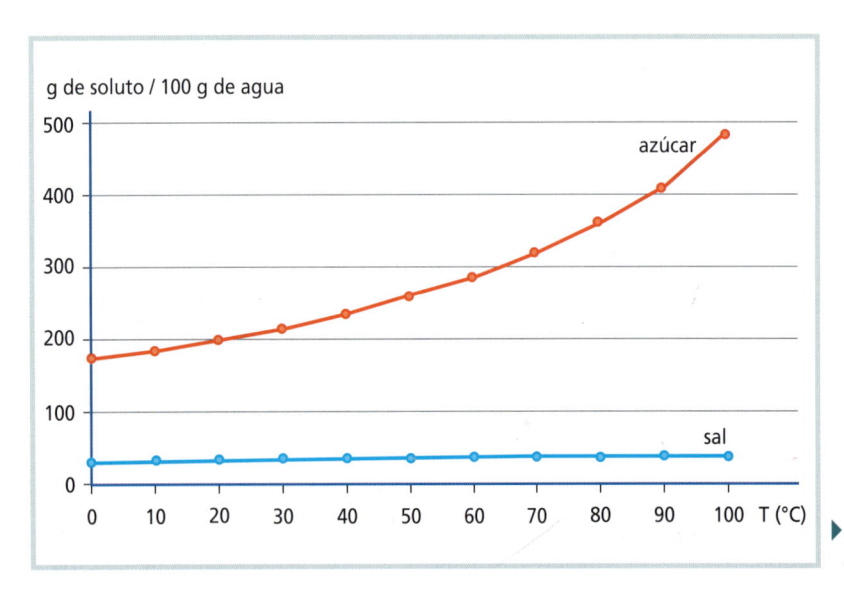

▶ Fig. 3 Curvas de solubilidad del agua y del azúcar.

5.3. Concentración de una solución

Veamos cómo se puede expresar la concentración de soluto.

Tanto por ciento en masa

Indica la masa del soluto, expresada en gramos, que hay en 100 g de disolución. Por ejemplo, una disolución de sal en agua cuya concentración sea del 20 % indica que en 100 g de disolución hay disueltos 20 g de sal.

Para determinar la concentración de una disolución preparada disolviendo una masa de soluto en una cierta masa de disolvente se aplica la expresión:

$$\% \text{ en masa} = \frac{\text{gramos de soluto}}{\text{gramos de disolución}} \cdot 100$$

> **Ejemplo**
>
> 1. Se disuelven 24 g de sal en 410 g de agua. Calcula la concentración expresada en tanto por ciento en masa de la disolución preparada.
>
>   Masa del soluto = 24 g de sal
>
>   Masa del disolvente = 410 g de agua
>
>   Masa de la disolución = 24 g de sal + 410 g de agua = 434 g
>
> $\% \text{ en masa} = \dfrac{m_{soluto}}{m_{disolución}} \cdot 100 = \dfrac{24 \text{ g}}{434 \text{ g}} \cdot 100 = 5{,}53 \text{ \% en masa}$

Concentración en masa–volumen

Indica la masa del soluto, expresada en gramos, que hay en un volumen de disolución, normalmente en un litro. Por ejemplo, una disolución de azúcar en agua cuya concentración sea 50 g/L significa que en 1 L de disolución hay disueltos 50 g de azúcar fig. 4 .

Para determinar la concentración de una disolución preparada al disolver una masa de soluto en disolvente hasta completar un cierto volumen de disolución se aplica la expresión:

$$\text{Concentración en masa} = \frac{\text{gramos de soluto}}{\text{litros de disolución}}$$

> **Ejemplo**
>
> 2. Se disuelven 15 g de azúcar en agua hasta completar un volumen de 250 mL de disolución. Calcula la concentración en masa de la disolución preparada.
>
>   Masa del soluto = 15 g de azúcar
>
>   Volumen de la disolución = 250 mL = 0,25 L
>
> $\text{Concentración en masa} = \dfrac{\text{gramos de soluto}}{\text{litros de disolución}} = \dfrac{15 \text{ g}}{0{,}25 \text{ L}} = 60 \text{ g/L}$

Análisis/Análise Químico (mg/l):	
Bicarbonato	13,2
Calcio/Cálcio	2,2
Sodio/Sódio	4,7
Magnesio/Magnésio	2,3
Fluoruro	<0,2
Sulfato	3,7
Cloruro	6,8
Residuo/Resíduo seco (a 180ºC)	40

Agua Mineral Natural de mineralización muy débil.
Água Mineral Natural muito pouco mineralizada.

Fig. 4 Muchos productos cotidianos expresan su concentración en la etiqueta.

> **Actividades**
>
> 1. Se prepara una disolución disolviendo 40 g de azúcar en 270 g de agua. ¿Qué concentración, expresada en tanto por ciento en masa, tiene dicha disolución?
>
> 2. Se prepara una disolución disolviendo 50 g de azúcar en agua hasta completar un volumen de 400 mL. ¿Qué concentración, expresada en gramos por litro, tiene la disolución preparada?
>
> 3. El mar Muerto es un lago salado que hay entre Israel y Jordania. La salinidad de sus aguas es muy elevada, unas diez veces mayor que la del mar Mediterráneo. Para determinar su salinidad se tomaron 200 mL de agua del mar Muerto y se calentaron hasta la vaporización, quedando un residuo seco de 85 g. ¿Qué concentración de sales, expresada en g/L, tiene el agua del mar Muerto?
>
> 4. ¿Qué se entiende por disolución diluida? ¿Y concentrada?
>
> 5. ¿Qué es una solución saturada? ¿Qué pasaría si se añadiese más soluto a una solución saturada?
>
> 6. ¿Podría darse el caso de que una disolución fuese al mismo tiempo saturada y diluida?

6 Preparación de disoluciones

Algunas manchas quedan tan impregnadas en la ropa, que para quitarlas no es suficiente el lavado y es necesario emplear quitamanchas, que son líquidos que disuelven la sustancia de la mancha.

Para fabricar un quitamanchas, el primer paso es encontrar el disolvente o la mezcla de disolventes más adecuado para este tipo de mancha y, después, preparar la mezcla con una concentración determinada.

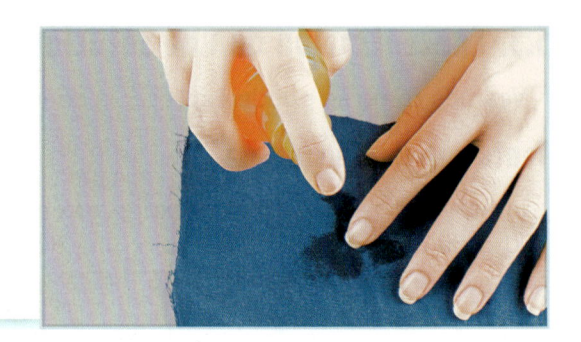

A. COMPROBAR LA SOLUBILIDAD

La solubilidad de un soluto depende del disolvente que se vaya a utilizar: puede ser muy soluble en un disolvente y completamente insoluble en otro.

Material
- Nueve tubos de ensayo
- Agua, alcohol y aguarrás
- Sal, azúcar y aceite
- Espátula o cuchara

Ensayos de solubilidad

1. Toma nueve tubos de ensayo provistos con tapones de goma que encajen bien. Colócalos limpios y secos en una gradilla. Llénalos hasta la mitad con los siguientes disolventes:

   a) Tres tubos con agua.

   b) Tres tubos con alcohol.

   c) Tres tubos con aguarrás.

2. Ensaya la solubilidad de las siguientes sustancias: sal, azúcar y aceite.

   Pon una cucharada pequeña de sal en uno de los tubos con agua, otra en uno de los de alcohol y una tercera en uno de los de aguarrás.

   Repite la operación con el azúcar y el aceite.

   Pon un tapón en cada tubo para poder agitarlos y así facilitar la disolución del soluto.

3. Déjalos reposar un rato y observa qué sucede.

4. ¿Qué sustancias se han disuelto en el agua, en el alcohol y en el aguarrás?

5. ¿Cuál es el mejor disolvente de la sal? ¿Y del azúcar? ¿Y del aceite?

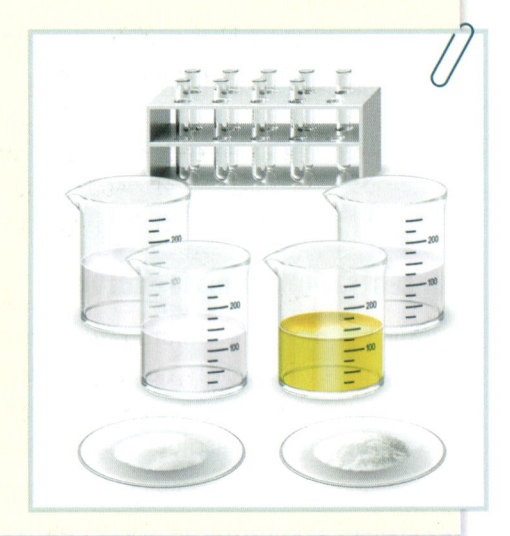

B. PREPARAR DISOLUCIONES

El procedimiento para preparar una disolución depende de la manera en qué te den expresada la concentración.

Material
- Balanza
- Vaso de precipitados
- Sal y agua
- Cuentagotas
- Varilla de vidrio
- Botella

Preparación de 200 g de disolución de sal del 12 % en masa

1. En una disolución del 12 % en masa hay 12 g de sal por cada 100 g de disolución. Si debes preparar 200 g de disolución necesitarás el doble de sal, 24 g.

2. Coloca un vaso de precipitados limpio y seco en la balanza y pulsa TARA para poner la balanza a cero y pesar únicamente la sal.

3. Introduce sal en el vaso, hasta 24 g.

4. Añade agua hasta completar 200 g de disolución. Al principio puedes verter el agua directamente desde un vaso o una probeta, pero cuando te acerques a la masa de 200 g debes hacerlo con un cuentagotas para no pasarte, ya que si lo haces no podrías corregir el error.

5. Toma una varilla de vidrio y remueve la solución para disolver la sal.

6. Vierte la solución preparada en una botella y etiquétala con el nombre del soluto, la concentración de la solución y la fecha de preparación.

Preparación de 0,5 L de disolución de sal de concentración 50 g/L

1. Una concentración de 50 g/L significa que en 1 litro de disolución hay 50 g de sal. Como se pretende preparar solo 0,5 L, la mitad de un litro, necesitarás disolver la mitad de sal, 25 g de sal.

2. Coloca un vaso de precipitados de 250 mL limpio y seco en la balanza y pulsa TARA.

3. Introduce sal en el vaso hasta 25 g.

4. Añade unos 200 mL de agua.

5. Toma una varilla de vidrio y remueve la solución hasta la disolución total de la sal.

6. Con la ayuda de un embudo pasa el contenido del vaso a un matraz aforado de 0,5 L. Observa que el matraz aforado tiene una sola marca grabada. Esa marca señala el nivel que tiene que alcanzar la disolución para que su volumen sea exactamente 0,5 L.

7. Enjuaga con un poco de agua el vaso de precipitados y añádela al matraz aforado. Así se recuperan los restos de sal que hayan podido quedar.

8. Añade agua en el matraz hasta llegar a la marca de aforo. Al principio puedes añadir el agua vertiéndola directamente desde un vaso o una probeta, pero cuando te acerques a la línea de aforo debes terminar con un cuentagotas para no sobrepasarla.

9. Vierte la solución preparada en una botella y etiquétala indicando el nombre del soluto, la concentración de la solución y la fecha de preparación.

Material

- Vaso de precipitados
- Sal y agua
- Varilla de vidrio
- Embudo
- Matraz aforado
- Cuentagotas
- Botella

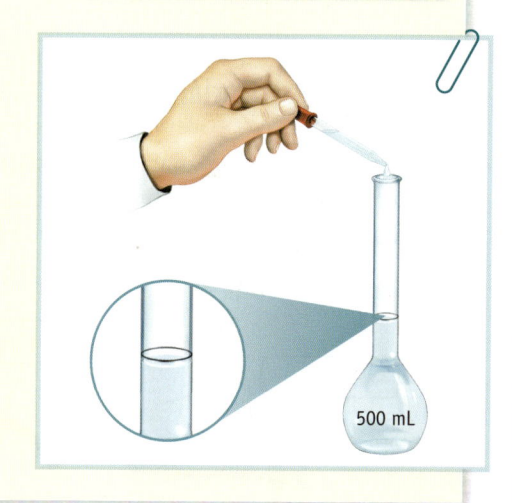

Actividades

1. Explica por qué hay manchas que se pueden limpiar con agua y otras que requieren emplear líquidos quitamanchas especiales.

2. ✅ @ Hay prendas de ropa que es necesario lavarlas en seco. Busca en Internet por qué no se pueden lavar en casa esas prendas, qué símbolo de advertencia llevan grabado en las etiquetas y en qué consiste este procedimiento.

3. 🔢 Determina la masa de azúcar necesaria para preparar 300 g de una disolución de azúcar de concentración 30 % en masa. A continuación, explica paso a paso cómo efectuarías la mezcla.

4. 🔢 Calcula la masa de azúcar necesaria para preparar 250 mL de una disolución de azúcar en agua de concentración 40 g/L y explica paso a paso cómo la prepararías.

1 Piensa y responde. Clasificación de mezclas ✓

Las siguientes figuras representan tres mezclas acuosas. Para simplificar la representación, las partículas de agua no se han dibujado, tan solo se han simbolizado como un fondo azul.

Copia en tu cuaderno estas representaciones y coloca en cada caja el nombre del tipo de mezcla (disolución, mezcla heterogénea o dispersión coloidal) que pienses que le corresponde. Justifica tu elección.

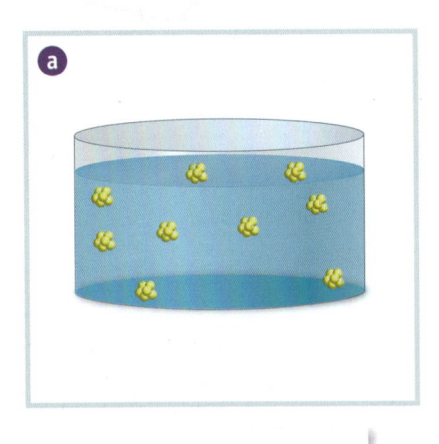

2 Describe. Destilación ✓

El diagrama muestra un aparato de destilación simple para obtener agua pura a partir de agua de mar. Dibuja en tu cuaderno el montaje y coloca en cada caja la palabra o frase que le corresponda del listado de la derecha:

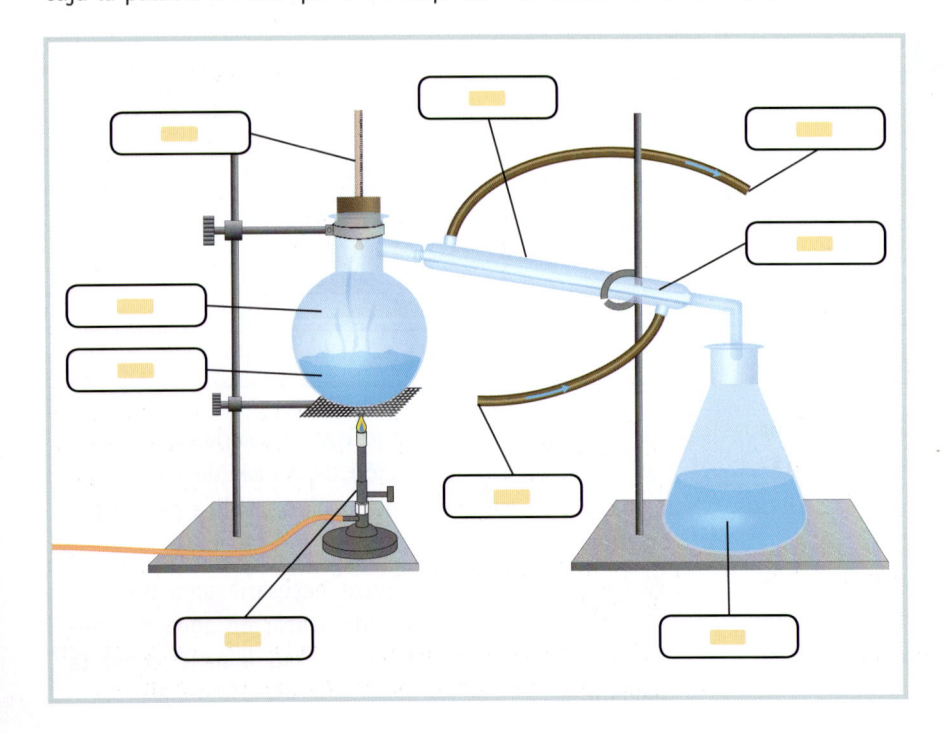

① Termómetro

② Agua pura

③ Agua de mar

④ Vapor de agua

⑤ Condensador

⑥ Entrada de agua fría

⑦ Salida de agua caliente

⑧ Mechero Bunsen

⑨ Condensación del vapor de agua

3 **Experimenta y analiza. Mezclas naturales**

En Remolinos (Zaragoza) hay una de las minas de sal más importantes de España. La sal de roca se destina principalmente a esparcirla por las carreteras para evitar que se formen placas de hielo en los días más fríos del invierno.

La sal de roca es una mezcla de sales, mayoritariamente cloruro de sodio, y sedimentos no solubles. Para determinar el tanto por ciento en masa de sales en la roca, una clase se organizó en seis grupos y llevó a cabo el siguiente procedimiento experimental:

Camión esparciendo sal en invierno.

I. Pulverizaron los trozos de roca recogidos con un mortero y removieron el polvo para homogeneizarlo.

2. Pusieron un vaso de 1 L de capacidad en una báscula. Tararon el vaso y pesaron 100 g de roca pulverizada.

3. Añadieron agua hasta algo más de la mitad de su capacidad y removieron enérgicamente durante un rato.

4. Filtraron el líquido y recogieron el material retenido en el papel, lo secaron y lo pesaron. La masa pesada por cada grupo está recogida en la tabla de la derecha.

Grupo	Masa (g)
A	13
B	19
C	9
D	15
E	11
F	16

a) ¿Por qué añadieron agua a la roca pulverizada y después filtraron el líquido?

b) ¿Qué material ha quedado retenido en el papel de filtro? ¿Y en el líquido filtrado?

c) Explica cómo se podría recuperar el material disuelto en el líquido filtrado.

d) ¿Por qué crees que puede haber tanta diferencia en los resultados de los grupos?

e) Suponiendo que todos los grupos han trabajado con el mismo cuidado y que, por tanto, los resultados obtenidos son exactos, ¿qué grupo ha analizado la muestra con mayor contenido en sales?

f) ¿Qué tanto por ciento en masa de sales contiene cada muestra?

g) Calcula la media aritmética de todos los resultados para saber el porcentaje medio de sales en la roca salina.

Analiza un gráfico. Curvas de solubilidad

En la gráfica están dibujadas las curvas de solubilidad de tres sustancias: A, B y C, en función de la temperatura del agua.

a) ¿Qué sustancia es más soluble en agua a 20 °C?

b) ¿Qué sustancia es más soluble en agua a 60 °C?

c) ¿A qué sustancia apenas le afecta la temperatura del agua en su solubilidad?

d) ¿A qué temperatura del agua las sustancias B y C son igual de solubles?

e) Un alumno describió la gráfica del siguiente modo: "La gráfica muestra claramente que la sustancia más soluble es la A, después la B, y un poco menos la C". ¿Crees que es cierto lo que dijo ese alumno? ¿Puedes describir con más precisión lo que muestra la gráfica?

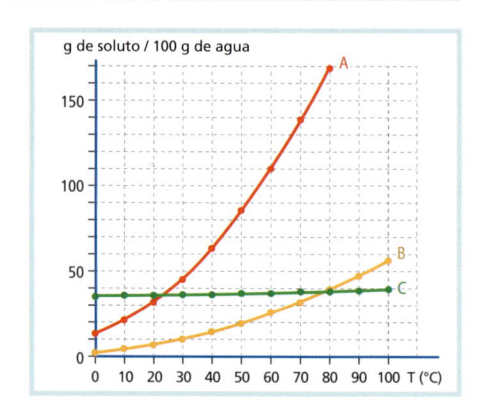

---

5 Calcula. Aleaciones

El oro empleado en joyería no es oro puro sino mezclado con otros metales, generalmente plata y cobre.

Para indicar la proporción de oro en la aleación se emplea una unidad tradicional, el quilate. Según este sistema, el oro puro es oro de 24 quilates. En la gráfica se muestra la equivalencia entre quilates y tanto por ciento en masa:

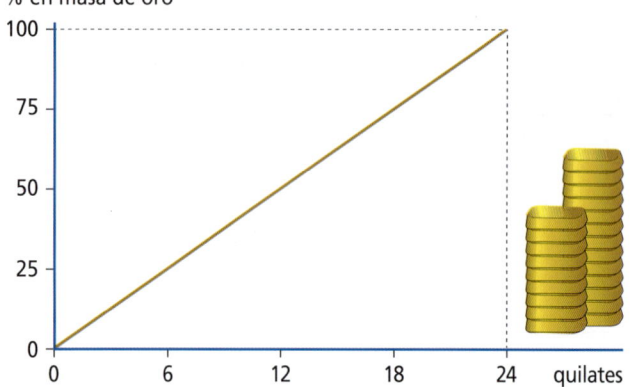

a) ¿De cuántos quilates es una aleación que contiene un 50 % de oro?

b) El oro más empleado en joyería es de 18 quilates y se denomina oro de ley o de primera ley. ¿Qué porcentaje de oro puro hay en un anillo de oro de ley?

c) Si se mezclan 21 g de oro, 6 g de plata y 3 g de cobre, ¿qué porcentaje de oro contiene la aleación? ¿De cuántos quilates es la aleación preparada?

d) ¿Qué masa de oro puro contiene un anillo, de masa 10 g, hecho con oro de 18 quilates?

e) ¿Por qué es imposible que un anillo de oro sea de 25 quilates?

---

6 Investiga. Destilador solar

En la imagen se muestra un destilador solar. Estos aparatos sirven para obtener agua potable en aquellos lugares o circunstancias en los que su suministro es imposible.

a) A la vista del esquema, explica los principios del funcionamiento del destilador solar.

b) Describe alguna situación en la que pueda ser necesario el uso de destiladores solares.

c) ¿De qué factores crees que depende la cantidad de agua destilada que se puede obtener mediante un destilador solar?

d) En el video propuesto, un agricultor explica el funcionamiento del destilador solar que ha fabricado. ¿Qué volumen de agua obtiene cada día? ¿Te parece mucha o poca? ¿Sabes cuánta agua consumes tú aproximadamente cada día?

Antes de responder las cuestiones, puedes observar el siguiente video:

www.tiching.com/744676

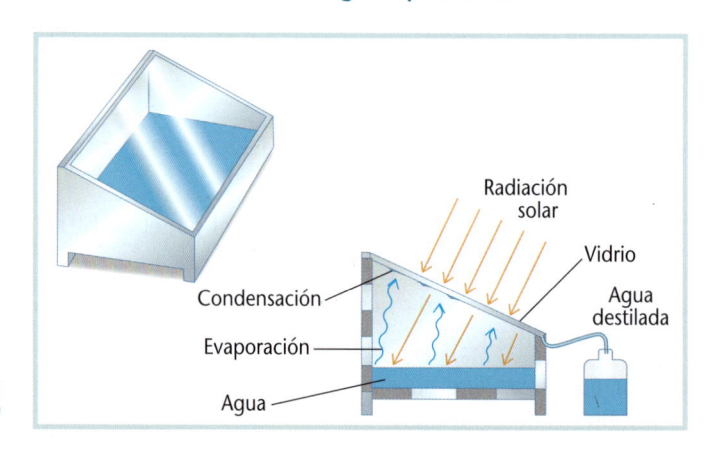

Síntesis. Mezclas

Tipos de mezcla

✔ Una **mezcla heterogénea** es aquella en la que se pueden distinguir los diferentes componentes a simple vista o con una lupa.

✔ En una **mezcla homogénea** o **disolución** no se pueden distinguir los componentes porque las partículas son muy pequeñas. El componente mayoritario de una disolución se llama **disolvente**, y el minoritario, **soluto**.

✔ Una **dispersión coloidal** es una mezcla heterogénea en la cual solo se pueden ver claramente las partículas si se observan con un microscopio.

Concentración de las disoluciones

✔ Las disoluciones pueden ser **diluidas**, si la cantidad de soluto disuelto es pequeña en comparación a la cantidad de disolvente, o **concentradas**, si la cantidad de soluto disuelto es grande.

✔ La **solubilidad** es la cantidad máxima de soluto que se puede disolver en 100 g de disolvente a una temperatura determinada.

✔ Una disolución está **saturada** si ya no admite más soluto.

✔ El **tanto por ciento en masa** indica la masa de soluto, expresada en gramos, que hay en 100 g de disolución.

✔ La **concentración en masa-volumen** indica la masa de soluto, expresada en gramos, que hay en un volumen de disolución.

Separación de mezclas

✔ Para separar los componentes de una mezcla hay que aprovechar alguna propiedad que tenga uno de los componentes pero los otros no.

---

1 CONSOLIDA LO APRENDIDO

a)  ¿Qué distingue a las mezclas homogéneas de las heterogéneas?

b) ¿Qué es una disolución? ¿Y una dispersión coloidal?

c) ¿Qué significa que dos líquidos sean inmiscibles?

d) ¿Qué métodos existen para separar una mezcla de sólidos? ¿Qué propiedades de los componentes aprovecha cada método?

e) ¿En qué consiste el método de la decantación?

f) ¿Qué elementos son necesarios para llevar a cabo una destilación? ¿En qué se basa este método?

g) ¿Qué es la cromatografía en papel?

h) ¿Qué distingue una disolución diluida de una concentrada?

i) ¿Cuándo se dice que una disolución está saturada?

j) ¿Qué es la solubilidad de una disolución?

k) ¿Cómo se indica la concentración de una disolución?

2 DEFINE CONCEPTOS CLAVE

- Mezcla
- Componente
- Disolución
- Disolvente
- Soluto
- Coloide
- Saturación
- Solubilidad
- Concentración

RESPONDE A LA PREGUNTA INICIAL

Después de haber estudiado este tema, puedes responder a la pregunta inicial:

¿Cuántas sustancias forman los materiales cotidianos?

Redacta un texto de entre 10 y 20 líneas que resuma las conclusiones a las que hayas llegado.

AFIANZA LO APRENDIDO

Para consolidar los conocimientos adquiridos, puedes efectuar las actividades propuestas en:

www.tiching.com/744952

Están preparadas en un documento en formato pdf que puedes descargarte. Al final, hallarás las soluciones.

4 ELEMENTOS Y COMPUESTOS QUÍMICOS

¿Cómo se organiza la materia?

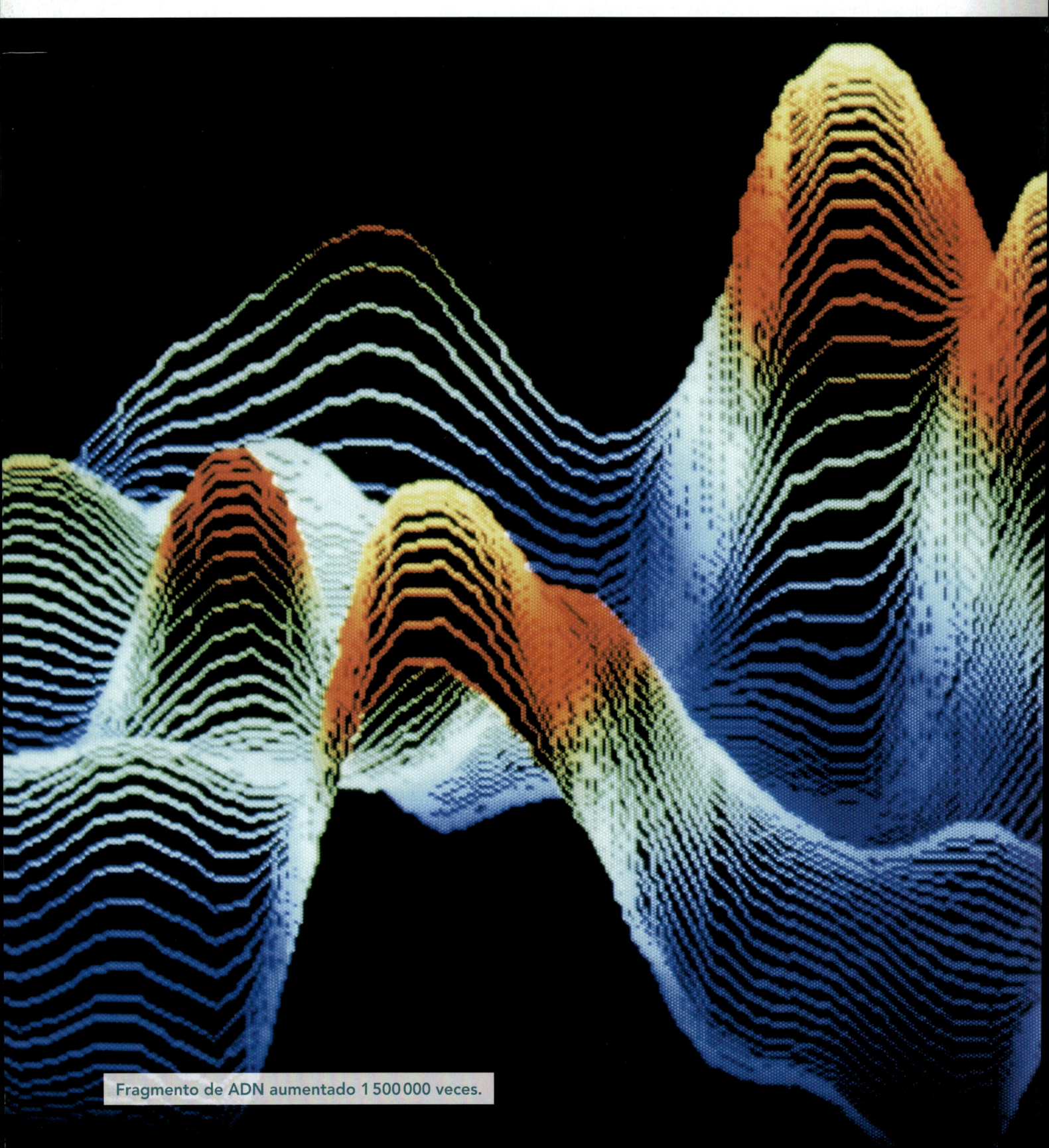

Fragmento de ADN aumentado 1 500 000 veces.

Una hoja de papel la puedes trocear fácilmente con unas tijeras, y esos trozos, a su vez, en otros más pequeños. La operación puedes repetirla muchas veces, pero llegará un momento en que los trozos serán tan diminutos que te será imposible continuar.

Si dispusieras de un microscopio extraordinariamente potente y de unas tijeras increíblemente pequeñas, ¿hasta cuándo podrías seguir fragmentando el papel?

Hace 2 500 años, algunos filósofos de la antigua Grecia respondieron a esa misma pregunta suponiendo que había un límite. A ese fragmento de materia inimaginablemente pequeño e indivisible lo llamaron **átomo**, que significa literalmente "que no se puede cortar".

Imaginaron un mundo lleno de átomos de diferentes clases, los *elementos*, que se juntaban en diferentes proporciones para así formar todos los materiales que nos rodean.

¿Qué sabemos?

La capacidad de combinación de unos pocos elementos para formar una gran variedad de compuestos es comparable a la de las cifras para formar números o a la de las letras del alfabeto para formar palabras.

- ¿Cuántas cifras hay? ¿Y cuántos números?
- ¿Cuántas letras tiene el alfabeto español? ¿Cuántas palabras hay en el diccionario de la Real Academia Española (RAE)?
- ¿Cuántos elementos químicos hay? ¿Y cuántos compuestos químicos?
- ¿Qué elementos químicos conoces?

¿Qué aprenderemos?

- De qué está formada la materia.
- En qué consiste la tabla periódica.
- Qué distingue los elementos metálicos de los no metálicos y de los metaloides, y qué características tienen esos grupos.
- Qué elementos componen el Universo, la Tierra y el cuerpo humano.

Elementos y compuestos químicos

1.1. Primeras ideas

Hace unos 2500 años, algunos filósofos griegos creían que toda la materia estaba formada por la combinación de cuatro *elementos* (agua, aire, fuego y tierra). También en esa época nació la idea alternativa de que la materia estaba formada por minúsculas partículas indivisibles, los *átomos* fig. 1.

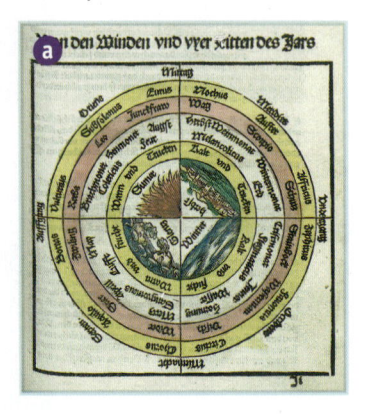

▶ Fig. 1 a) Representación medieval de los elementos de la Antigüedad.
b) Leucipo y Demócrito, los primeros filósofos atomistas, en una representación muy posterior.

1.2. La teoría atómica de Dalton

La primera teoría atómica de la materia basada en hechos experimentales fue enunciada en 1808 por el científico inglés John Dalton fig. 2. Los postulados de su teoría son:

- La materia está formada por **átomos**, partículas muy pequeñas e indivisibles que no se pueden crear ni destruir.

- Hay diferentes tipos de átomos, que se distinguen por tener masas y propiedades características.

- Un **elemento químico** es aquella sustancia formada por un único tipo de átomo.

- Un **compuesto químico** es aquella sustancia formada por la unión de átomos de diferentes elementos combinados en una determinada proporción fig. 3.

Por ejemplo, el agua es un compuesto químico formado por dos elementos: oxígeno e hidrógeno, que se encuentran combinados en la proporción de dos átomos de hidrógeno por uno de oxígeno fig. 4.

▼
Fig. 2 John Dalton (1766-1844).

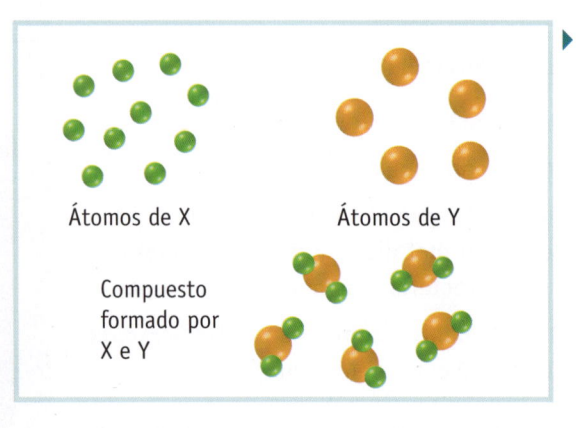

Átomos de X   Átomos de Y

Compuesto
formado por
X e Y

▶ Fig. 3 Elementos y compuestos.

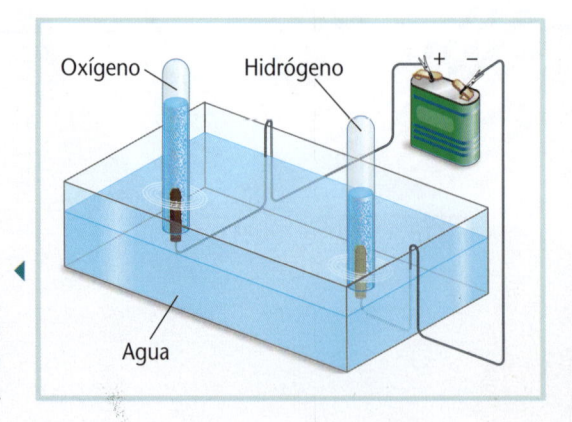

Oxígeno   Hidrógeno

Agua

◀ Fig. 4 La descomposición del agua mediante corriente eléctrica produce oxígeno e hidrógeno.

▶ 118 elementos

Actualmente se conocen 118 elementos químicos, pero en la naturaleza solo hay 90 de ellos, los llamados **elementos naturales**, que pueden encontrarse solos o combinados en compuestos.

Los 28 elementos restantes han sido creados artificialmente, y por eso son denominados **elementos artificiales**.

Cada elemento tiene su **símbolo** para ser representado de manera simplificada. Los símbolos están formados por una o dos letras, la primera siempre en mayúscula. Por ejemplo:

- hidrógeno: H
- hierro: Fe
- nitrógeno: N
- azufre: S
- oxígeno: O
- oro: Au

▶ Millones de compuestos

Hay registrados más de 100 millones de compuestos químicos y cada día se descubren muchos miles más entre los hallados en productos naturales y los sintetizados en los laboratorios químicos.

Los compuestos químicos se simbolizan por una **fórmula** donde aparecen los símbolos de elementos químicos que forman el compuesto y, mediante subíndices, la proporción de átomos de cada clase que hay.

Por ejemplo, la fórmula del amoniaco es NH_3 y la del agua, H_2O:

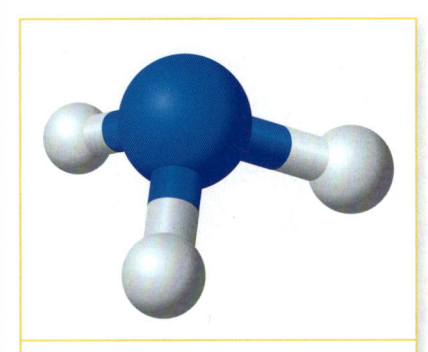

El amoniaco está formado por un átomo de nitrógeno (N) y tres átomos de hidrógeno (H).

El agua está formada por un átomo de oxígeno (O) y dos átomos de hidrógeno (H).

¿Se puede convertir el plomo en oro?

Los alquimistas medievales creían que se podía convertir plomo u otros elementos en oro. Hoy sabemos que eso es imposible en circunstancias normales.

Los átomos de un elemento químico no se pueden transformar ni descomponer en otros excepto en condiciones muy extremas, con costes de producción elevadísimos y, además, se obtienen cantidades mínimas.

Los alquimistas querían crear ◀ oro a partir de otros elementos.

Actividades

1. 🏛 Los antiguos filósofos griegos suponían que la materia estaba formada por cuatro elementos. ¿Qué elementos?

2. 🔤 ¿Qué significa la palabra *átomo*? ¿Quién la empleó por primera vez?

3. ✅ 🔤 La primera teoría atómica basada en la experimentación científica fue enunciada por Dalton a principios del siglo XIX. ¿Cuáles son los aspectos principales de la teoría atómica de Dalton?

4. ✅ ¿Cuántos elementos químicos se conocen? ¿Y compuestos? ¿Cómo es posible que haya una diferencia tan grande entre el número de elementos y el de compuestos?

5. ¿Qué es un símbolo químico? ¿Y una fórmula química? Pon un ejemplo de cada uno.

6. ¿Cuántos átomos de carbono (C) y de oxígeno (O) forman el dióxido de carbono (CO_2)?

La tabla periódica

Todos los elementos químicos conocidos están recogidos y clasificados en la tabla periódica.

@ Amplía en la Red...

Explora una tabla periódica interactiva en: www.tiching.com/57141

A HISTORIA DE LA TABLA PERIÓDICA

La primera tabla periódica fue publicada en 1869 por el químico ruso D. Mendeléyev. Entonces solo se conocían 63 elementos y el aspecto de la tabla resultaba muy distinto al actual.

El criterio que empleó Mendeléyev para ordenar los elementos químicos fue doble: por un lado puso los elementos en orden creciente de masa y después agrupó en columnas aquellos elementos que mostraban tener propiedades químicas parecidas.

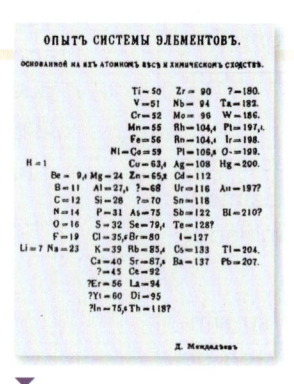

Tabla periódica de 1869.

Dimitri Mendeléyev.

B ORGANIZACIÓN DE LA TABLA PERIÓDICA

La tabla periódica se organiza en filas horizontales llamadas **períodos** y en columnas verticales llamadas **grupos**. Hay 7 períodos y 18 grupos.

Los elementos que se encuentran en un mismo grupo tienen propiedades parecidas.

Algunos grupos reciben nombres propios:

Grupo 1 = metales alcalinos

Grupo 2 = metales alcalinotérreos

Grupos del 3 al 12 = metales de transición

Grupo 17 = elementos halógenos

Grupo 18 = gases nobles

Para que la tabla no quede demasiado larga, los elementos situados entre el lantano y el hafnio (período 6) y entre el actinio y el rutherfordio (período 7) se suelen colocar fuera de la tabla en dos filas en la parte inferior. A estos elementos se les da el nombre de *metales de transición interna* o *tierras raras*.

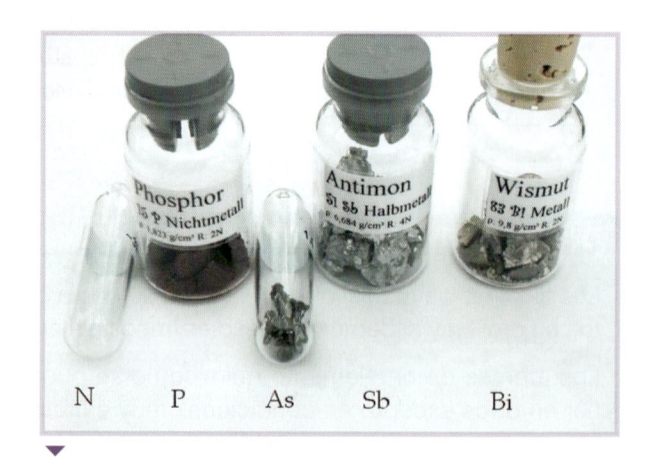

Grupo 15 de la tabla periódica, también conocido como grupo del nitrógeno.

▶ Gases nobles.

Óxidos de metales de transición interna o tierras raras.

C EL NOMBRE DE LOS ELEMENTOS

Los elementos químicos conocidos desde la Antigüedad se representan con símbolos que derivan del nombre latino o griego, y por eso no suelen coincidir con el nombre común. Así, por ejemplo, el plomo (Pb) deriva del latín *plumbum* (pesado), y el mercurio (Hg), del griego *hydrargyros* (*hydros* = agua y *argyros* = plata).

A medida que se descubrían nuevos elementos se les iba dando nombres de manera poco sistemática.

Algunos tienen nombres que resaltan alguna característica del elemento. Por ejemplo, los nombres de los elemento cloro (Cl) y bromo (Br) derivan, respectiva-

mente, de *chloros* (verde) y de *bromos* (olor), porque el cloro es un gas de color verdoso y el bromo es un líquido de olor sofocante.

También se daban nombres en honor a los países de origen de los descubridores. El nombre de polonio (Po) honra al país de su descubridora, la científica polaca María Skłodowska (conocida también por Marie Curie, su nombre de casada).

Otros nombres se ponen en memoria de científicos famosos. Así, por ejemplo, hay un elemento llamado einstenio (Es) en honor a Albert Einstein.

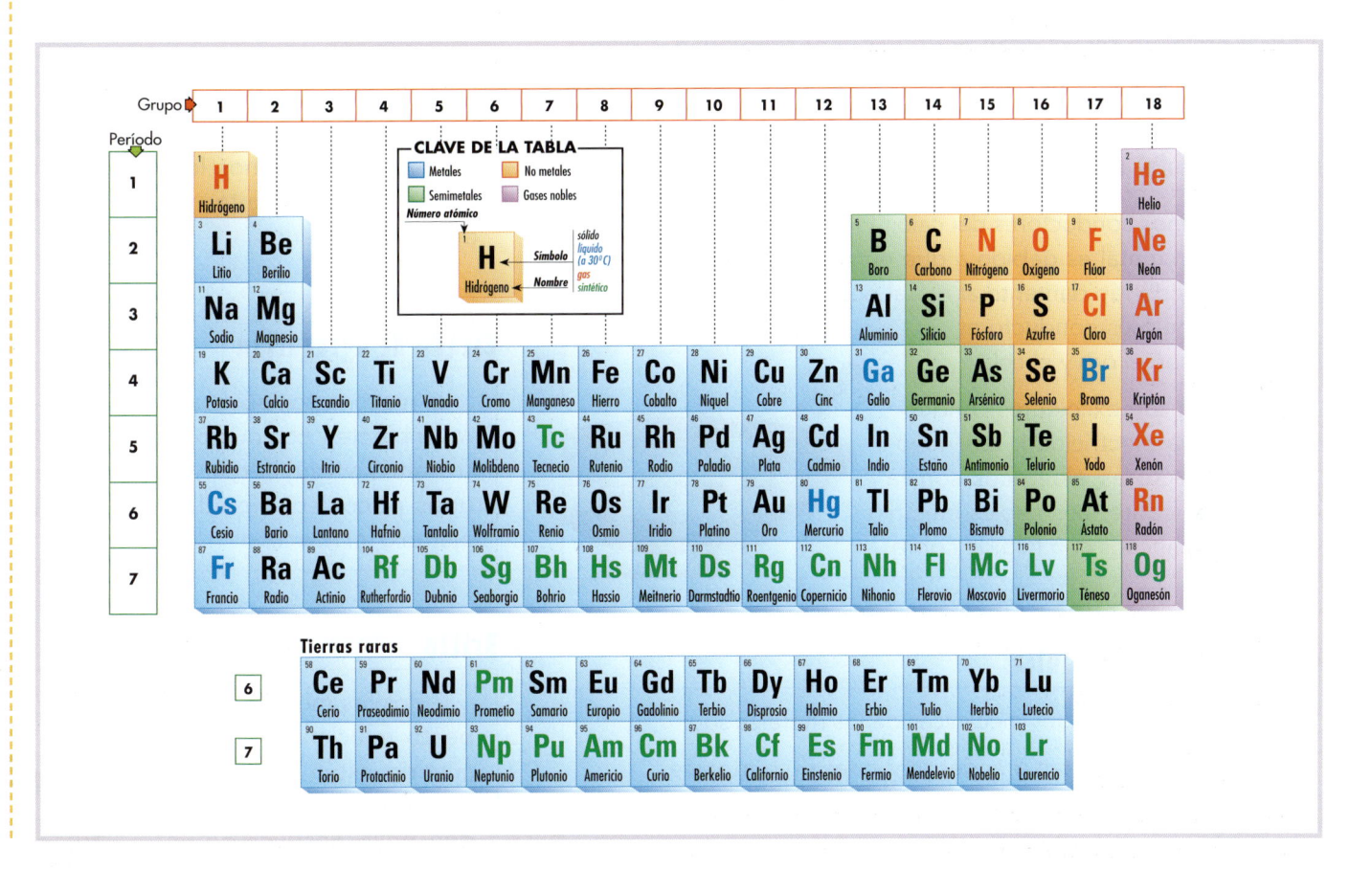

Actividades

1. Busca información sobre los elementos de la tabla periódica y responde:

   a. ¿Qué elementos químicos son gases? Escribe su nombre y su símbolo.

   b. ¿Qué elementos químicos son líquidos? Escribe su nombre y su símbolo.

   c. ¿Qué es un elemento artificial? ¿Cuántos elementos artificiales hay en la tabla periódica?

2. Escribe el nombre y el símbolo del elemento que está en el grupo 14 y en el período 5.

3. ¿A qué grupo y período pertenece el elemento azufre? ¿Y el mercurio?

3 Elementos metálicos

3.1. Metales

Casi todos los elementos químicos son **metales**. De los 90 elementos naturales, 65 son metales.

Los primeros metales que se descubrieron fueron el oro, la plata y el cobre porque se encuentran en la naturaleza en **estado nativo**, es decir, en estado puro sin combinar fig. 1 .

La mayoría de los metales se encuentran en la naturaleza combinados en compuestos, los llamados **minerales**. Extraer un metal del mineral que lo contiene no es tarea fácil. Muchos están tan fuertemente unidos con los otros elementos del mineral que para separarlos se requieren técnicas muy enérgicas.

Fig. 1 Plata nativa.

3.2. Propiedades de los metales

Los metales se caracterizan por tener unas propiedades parecidas, aunque siempre hay excepciones. Algunas de estas propiedades son:

▶ Conducción del calor y la electricidad

Son buenos conductores del calor. El tacto frío que notamos al tocar un metal es debido a que el calor de nuestro cuerpo es transferido rápidamente al metal por ser tan buen conductor. Los mejores conductores del calor son el oro y el cobre.

También son excelentes conductores de la electricidad. Los mejores conductores eléctricos son la plata y el cobre. Los cables eléctricos están hechos con hilo de cobre.

▶ Características mecánicas

Algunas propiedades mecánicas de los metales son:

Tenacidad. Soportan grandes tensiones sin romperse

Elasticidad. Un metal elástico se deforma cuando se le aplica una fuerza moderada, pero recupera su forma al dejar de aplicarla.

Plasticidad. Se deforman por acción de una fuerza elevada. Esa plasticidad se manifiesta en que se les puede dar forma de hilos muy finos, propiedad denominada **ductilidad**, o de láminas muy delgadas, propiedad denominada **maleabilidad**.

PRECAUCIÓN

Los metales alcalinos reaccionan con el agua. Algunos lo hacen como el litio, violentamente, por lo que no debemos mojarlos.

▶ Estado de agregación

La mayoría son sólidos a temperatura ambiente y con puntos de fusión entre altos y muy altos. No obstante, unos pocos son líquidos como, por ejemplo, el mercurio.

▶ Brillo

Todos los metales tienen un aspecto reluciente (brillo metálico) cuando están limpios y pulidos, pero la mayoría pierden brillo después de un tiempo porque se oxidan.

▶ Densidad

Casi todos son más densos que el agua. El más denso es el iridio, que es casi 23 veces más denso que el agua. El menos denso es el litio, cuya densidad es la mitad que la del agua.

ALGUNOS METALES IMPORTANTES

Hierro

Dureza (Mohs) = 4
Densidad = 7,9 g/cm^3
Punto de fusión = 1535 °C

Los principales minerales del hierro son la hematites y la limonita.

El hierro es con diferencia el metal más usado, aproximadamente el 95 % en masa de la producción mundial de metales corresponde al hierro.

El hierro tiene múltiples aplicaciones por su dureza: elementos estructurales de edificios, puentes, barcos, máquinas, herramientas…

El hierro se oxida con bastante facilidad y la oxidación continúa hacia el interior de la pieza hasta desmenuzarla completamente. Para evitar la oxidación, se protege con pinturas especiales o con metales más resistentes a la oxidación.

Aluminio

Dureza (Mohs) = 2,8
Densidad = 2,7 g/cm^3
Punto de fusión = 660 °C

Es el metal más abundante de la corteza terrestre y el segundo en producción, a mucha distancia del hierro.

Es un metal de baja densidad y por eso se emplea cuando es importante que el peso del objeto sea bajo. Sus principales aplicaciones son: en fuselajes de los aviones, automoción, trenes, mobiliario…

El aluminio se emplea como material para fabricar ventanas y mobiliario de exteriores porque aparentemente no se oxida. En realidad sí que se oxida, pero la capa de óxido que se forma es tan fina que es casi transparente y, además, es impermeable e impide que la oxidación continúe.

Cobre

Dureza (Mohs) = 3
Densidad = 9 g/cm^3
Punto de fusión = 1080 °C

Es un metal muy buen conductor de la electricidad y muy dúctil, por lo que resulta ideal para fabricar cable eléctrico.

Por la gran resistencia a la oxidación que muestra, su otra aplicación mayoritaria se encuentra en la fabricación de tuberías para la conducción de agua potable.

Actividades

1. Los siete metales conocidos en la Antigüedad eran: oro, plata, cobre, hierro, plomo, estaño y mercurio. Escribe el símbolo químico de estos metales.

2. Escribe el nombre y el símbolo de cinco metales que sean materiales de uso corriente y menciona ejemplos de su empleo.

3. Menciona el nombre de tres metales que se usen habitualmente en joyería.

   Identifica dos propiedades de esos metales que los hacen adecuados para ese uso.

4. ¿Qué metal es el más empleado a nivel mundial? ¿Y el segundo?

5. La Edad del Hierro es el período de la humanidad en que se descubre y desarrolla la metalurgia del hierro y se extiende su empleo para fabricar armas y herramientas. La Edad del Hierro fue precedida de la Edad del Bronce.

   a. ¿Existe algún metal con ese nombre?

   b. ¿Se trata de un metal actualmente desconocido?

   Justifica tus respuestas.

4 Elementos no metálicos y metaloides

4.1. Elementos no metálicos

Los **elementos no metálicos** son muy pocos comparados con los metales. Tan solo 11 de los elementos naturales son no metales.

Propiedades de los elementos no metálicos

Los elementos no metálicos presentan propiedades muy diferentes entre ellos:

▸ Estado de agregación

La mayoría de los elementos no metálicos son gases a temperatura ambiente (hidrógeno, nitrógeno, oxígeno, flúor y cloro), uno es líquido (bromo) y el resto son sólidos con puntos de fusión y ebullición bastante bajos.

El carbono es un elemento excepcional en muchos aspectos y tiene un punto de fusión extraordinariamente elevado.

Cloro

Azufre

Bromo

▸ Conducción térmica y eléctrica

Los elementos no metálicos son malos conductores térmicos y eléctricos, pero de nuevo el comportamiento del carbono es excepcional.

El carbono se encuentra en la naturaleza en forma de grafito o de diamante.

El grafito es un buen conductor eléctrico, comparable a muchos metales, y por tal razón y por ser un material químicamente inactivo se utiliza como contacto eléctrico en las pilas.

Por otra parte, el diamante es aislante eléctrico pero sorprendentemente muestra una gran conductividad térmica, muy superior a la de cualquier metal.

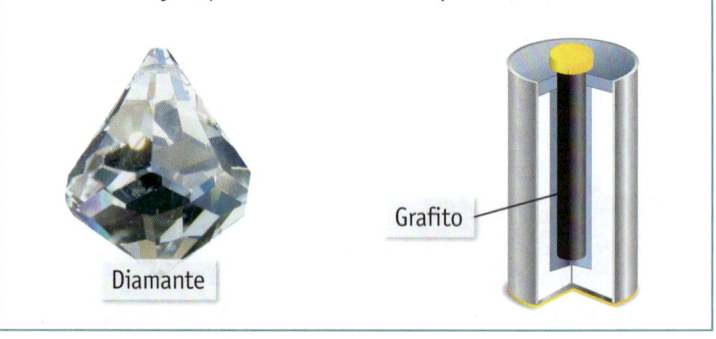

Diamante

Grafito

4.2. Metaloides

Los **metaloides** o **semimetales** tienen unas características que se sitúan entre las de los metales y las de los no metales. Algunas de estas características los hacen de gran utilidad en la fabricación de componentes electrónicos fig. 1.

▸ Fig. 1 El silicio y el germanio son metaloides que se utilizan en la fabricación de chips.

Actividades

1. Escribe el nombre y el símbolo de los elementos no metálicos. A continuación, clasifícalos según en qué estado se encuentren a temperatura ambiente.

2. ¿En qué grupo de la tabla periódica se encuentran los gases nobles? ¿Por qué reciben ese nombre?

3. El carbono es un elemento que se encuentra en la naturaleza en forma de diamante o de grafito. Describe las características principales de ambas formas alotrópicas y algunas de sus aplicaciones.

Investiga más y explica qué es la alotropía.

ALGUNOS ELEMENTOS NO METÁLICOS IMPORTANTES

Hidrógeno

El hidrógeno es el elemento más ligero de la tabla periódica. Es un gas incoloro, inodoro y muy inflamable. Si se acumula hidrógeno en el aire, se corre el peligro de que explote espontáneamente.

Se obtiene a partir del gas natural y se utiliza en la industria y como combustible en cohetes.

Últimamente despierta interés su empleo como carburante en automóviles porque no contamina, ya que la única sustancia que se desprende al quemarlo es vapor de agua.

El hidrógeno es un gas unas 15 veces más ligero que el aire y por eso se empleaba para llenar globos dirigibles. Se dejó de usar a raíz del accidente en 1937 del zepelín alemán *Hindenburg*.

Cloro

El cloro es un gas de color amarillo verdoso y de olor sofocante e irritante. Es un elemento abundante porque forma parte de la sal común (cloruro de sodio), compuesto del que hay en grandes cantidades en el agua del mar.

El cloro se obtiene por descomposición de la sal común con corriente eléctrica.

Es un elemento muy importante por sus múltiples aplicaciones industriales: plásticos, fármacos, disolventes, insecticidas, colorantes…

El cloro se emplea para desinfectar el agua.

Carbono

Ya has visto que el carbono es un elemento que se presenta en la naturaleza con dos aspectos muy distintos: el grafito y el diamante.

- El diamante es un sólido transparente y muy duro.

  Los diamantes más perfectos, una vez tallados, se emplean en joyería. Los demás se utilizan para fabricar herramientas de corte y pulido.

- El grafito es radicalmente distinto: un sólido negro, blando y buen conductor eléctrico.

  Se emplea en minas de lápiz y en resistencias eléctricas.

  Las **formas alotrópicas** son las diferentes maneras en las que se presenta un elemento, como el diamante y el grafito.

El carbono tiene más alótropos; el sintetizado más recientemente es el *grafeno*, una forma muy ligera cuya estructura puedes ver en la imagen.

Gases nobles

Los elementos del grupo 18 reciben el nombre de *gases nobles* porque son muy estables y casi no forman compuestos con otros elementos.

Se encuentran en forma de átomos aislados en el aire, donde el argón es bastante abundante. En cada litro de aire, unos 10 mL son de argón.

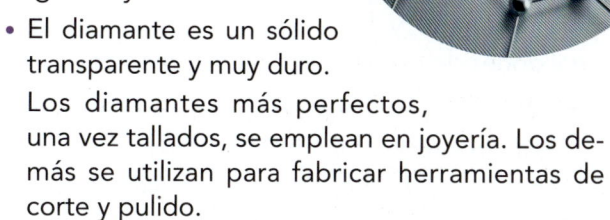

Canónigos envasados en atmósfera protectora de gas argón.

El argón tiene muchas aplicaciones como gas de atmósfera protectora. Así se emplea para embolsar frutas y verduras, que con menos aire se conservan más tiempo. También se emplea para rellenar bombillas y fluorescentes.

Por sus propiedades, los gases nobles no se parecen ni a los metales ni a los no-metales y forman una familia de elementos muy diferenciada.

Los elementos en la naturaleza

La distribución de los elementos en la naturaleza es muy desigual. Veamos su distribución en el Universo, la Tierra y los seres humanos.

A LOS ELEMENTOS QUE FORMAN EL UNIVERSO

El Sol, como todas las estrellas, está formado por hidrógeno y helio, además de pequeñas cantidades de los otros elementos conocidos.

Como el Sol es inmenso (su masa representa aproximadamente el 99,8 % de la masa total del Sistema Solar), la proporción de elementos en el sistema solar es prácticamente la misma que en el Sol.

En el conjunto de todo el Universo la pauta es muy parecida. Aproximadamente el 91 % de los átomos del Universo son de hidrógeno y el 8,8 % son de helio, lo que traducido en masa resulta que el hidrógeno y el helio constituyen el 95 % de la masa total de los átomos del Universo.

Tamaño relativo del Sol y los planetas.

B LOS ELEMENTOS QUE FORMAN LA TIERRA

La Tierra no es homogénea, tiene una estructura en capas y la composición química de cada capa es diferente.

En la capa más externa de la Tierra, o corteza, se distinguen diferentes partes:

- La **litosfera** o corteza terrestre es la parte sólida y los continentes son su porción visible.
- La **hidrosfera** es la parte constituida por agua líquida o hielo.
- La **atmósfera** es la fina capa de aire que cubre la Tierra.

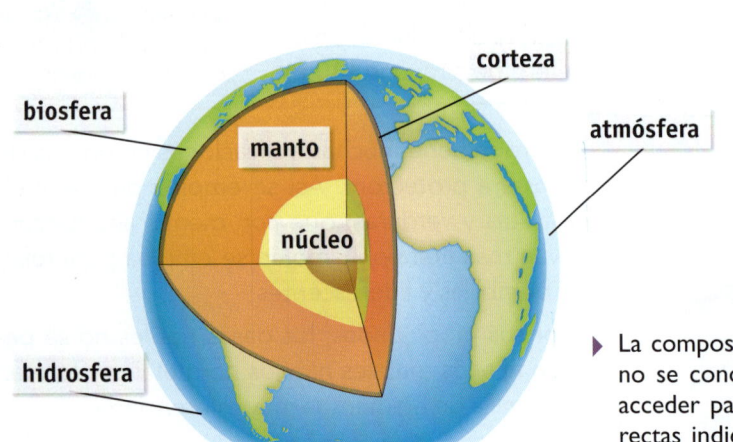

Elemento	Porcentaje en átomos	Porcentaje en masa
oxígeno	53,3	49,5
silicio	15,9	25,7
hidrógeno	15,1	0,9
aluminio	4,8	7,5
sodio	1,8	2,6
hierro	1,5	4,7
calcio	1,5	3,4
resto	6,1	5,7

▼ Abundancia de elementos en la corteza terrestre (incluidas la hidrosfera y la atmósfera).

▶ La composición de las capas más internas de la Tierra no se conoce con tanto detalle porque no se puede acceder para analizarla. No obstante, las pruebas indirectas indican que la zona del núcleo está constituida mayoritariamente por hierro, cerca del 90 % en masa.

C LOS ELEMENTOS QUE FORMAN NUESTRO CUERPO

En nuestro cuerpo encontramos muchos de los elementos de la naturaleza. La mayoría forman parte de los biocompuestos habituales en todos los seres vivos, pero también hay algunos elementos sin función biológica que hemos incorporado como contaminantes por medio del aire que respiramos, el agua que bebemos o los alimentos que comemos.

El 99% de los átomos que forman nuestro cuerpo son de solo cuatro elementos: hidrógeno, oxígeno, carbono y nitrógeno. El hidrógeno y el oxígeno son mayoritarios porque, además de ser fundamentales en los biocompuestos, entre el 65% y el 75% de la masa de una persona es agua (H_2O).

Algunos elementos se encuentran en cantidades mínimas, pero pese a ello su presencia es indispensable para que las funciones biológicas se realicen correctamente. Los oligoelementos son el cobalto, el cobre, el cinc, el selenio, el flúor…

Elemento	Porcentaje en átomos	Porcentaje en masa
hidrógeno	63	10
oxígeno	25,2	64,5
carbono	9,5	18,2
nitrógeno	1,4	3,1
calcio	0,31	2
fósforo	0,22	1,1
resto	0,37	1,1

Oligoelemento: elemento que se encuentra en pequeñas cantidades. La raíz **oligo** deriva del griego y significa justamente **poco**.

¿De qué estás hecho?

En tu cuerpo hay presentes unos 70 elementos, en diferente cantidad y con distintas funciones:

64,5 %

O OXÍGENO = 26 kg *

C CARBONO = 7 kg

H HIDRÓGENO = 4 kg

3,1 % N NITRÓGENO = 1 kg

18,2 %

10 %

2 % Ca CALCIO = 800 g

1,1 % P FÓSFORO = 440 g

* Masas aproximadas calculadas sobre un niño de unos 40 kg.

BIOELEMENTOS PRIMARIOS — LA QUÍMICA DE LA VIDA

Imprescindibles para formar los compuestos de la vida. El común a todos los compuestos orgánicos es el carbono.

8 O OXÍGENO | 6 C CARBONO | 1 H HIDRÓGENO | 7 N NITRÓGENO | 16 S AZUFRE | 15 P FÓSFORO

BIOELEMENTOS SECUNDARIOS

Desempeñan funciones importantes, aunque su proporción es menor.

12 Mg MAGNESIO | 20 Ca CALCIO | 11 Na SODIO | 19 K POTASIO | 17 Cl CLORO

OLIGOELEMENTOS

Exiten en cantidades muy pequeñas pero son necesarios.

26 Fe HIERRO | 25 Mn MANGANESO | 29 Cu COBRE | 30 Zn CINC | 9 F FLÚOR | 53 I YODO | 5 B BORO

14 Si SILICIO | 23 V VANADIO | 24 Cr CROMO | 27 Co COBALTO | 34 Se SELENIO | 42 Mo MOLIBDENO | 50 Sn ESTAÑO

Actividades

1. ¿Qué dos elementos son los más abundantes en el Universo?

2. ¿Qué dos elementos son los más abundantes en la corteza terrestre?

3. ¿Qué metales son los más abundantes en la corteza terrestre?

4. ¿Qué tres elementos son los más abundantes en el cuerpo humano?

5. ¿Por qué en el cuerpo humano la proporción en átomos de los elementos hidrógeno y oxígeno es tan grande?

6. ¿Qué metal es el más abundante en el cuerpo humano?

7. ¿Qué es un oligoelemento?

6 Propiedades de algunos elementos

Todos los elementos químicos tienen propiedades características que cambian al enlazarse con otros elementos.

A. EL AZUFRE

Es un elemento no metálico que forma parte de muchos minerales: galena (PbS), pirita (FeS_2), cinabrio (HgS), yeso ($CaSO_4$), calcopirita ($CuFeS_2$)...

Fusión y solidificación del azufre

1. Toma un tubo de ensayo grueso y llénalo hasta un tercio de su capacidad con azufre en polvo (azufre flor).

2. Calienta suavemente el azufre con la llama del mechero Bunsen. El azufre se funde fácilmente en un líquido fluido de color amarillento.

3. Al prolongar el calentamiento se observará que el líquido se hace cada vez más viscoso y su color se oscurece hasta un marrón rojizo.

4. En este punto, y antes de que el color llegue a oscurecerse demasiado, vacía el azufre fundido en un vaso de precipitados que contenga agua fría.

5. El azufre enfriado de golpe se vuelve sólido y toma un aspecto elástico parecido a la goma: es el llamado azufre plástico. Con el tiempo, el azufre plástico pierde elasticidad y adquiere rigidez.

Propiedades

Aspecto: sólido de color amarillo con brillo graso
Dureza: 2 (escala de Mohs)
Densidad: 2-2,1 g/cm^3
Punto de fusión: 115 °C
Punto de ebullición: 445 °C
Conductividad eléctrica: no conductor

Material

- Tubo de ensayo grueso
- Mechero Bunsen
- Vaso de precipitados
- Azufre en polvo

B. EL MAGNESIO

Es un metal abundante en la corteza terrestre. Forma parte de la dolomita ($CaMg(CO_3)_2$), la magnesita ($MgCO_3$), la carnalita ($KMgCl_3$)... Es el segundo metal más abundante en el agua del mar.

¿Se puede quemar un metal?

El magnesio es un metal ligero y blando que suele hallarse en los laboratorios en forma de rollos de cinta estrecha.

1. Corta un trozo de cinta de magnesio de unos 2 o 3 cm. Líjala un poco para eliminar la capa de óxido de magnesio formada y deja al descubierto el magnesio oculto debajo.

2. Sujeta el trozo de cinta con una pinza de madera e introduce un extremo en la llama del mechero. Al cabo de muy poco tiempo el magnesio prende y arde con una llama blanca muy brillante. Recoge las cenizas que se forman en una cápsula de porcelana.

Propiedades

Aspecto: sólido de color blanco con brillo plateado
Dureza: 2,5 (escala de Mohs)
Densidad: 1,7 g/cm^3
Punto de fusión: 650 °C
Punto de ebullición: 1 090 °C
Conductividad eléctrica: conductor

Material

- Cinta de magnesio
- Pinza de madera
- Lana de hierro
- Mechero Bunsen
- Cápsula de porcelana

3. Una vez completamente quemado el trozo de magnesio, observa el residuo que queda: un polvo blanquecino con aspecto de ceniza que es óxido de magnesio.

El magnesio no es una excepción por lo que respecta a poder ser quemado. También el hierro arde fácilmente, aunque no de manera tan espectacular.

4. Sujeta un trozo de lana de hierro con una pinza de madera y repite el experimento. Describe los resultados.

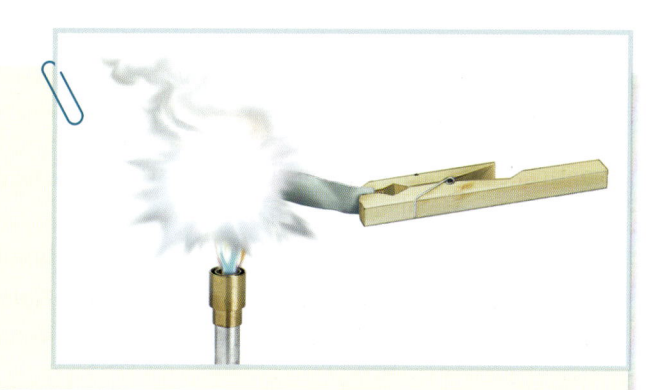

C. EL YODO

Es un elemento no metálico del grupo de los halógenos. Muy poco abundante, se encuentra en forma de sales disueltas en el agua del mar o como impurezas en yacimientos de otros minerales.

Solubilidad del yodo

1. Toma dos tubos de ensayo gruesos y llénalos hasta la mitad, uno con agua y el otro con etanol (alcohol).

2. Introduce en cada tubo una punta de espátula de yodo. Tapa la boca del tubo y agítalo para facilitar la disolución del yodo.

3. Describe los cambios observados. ¿En qué líquido es más soluble el yodo?

Sublimación del yodo

1. Toma con la espátula un poco de yodo y deposítalo en el fondo de un matraz de fondo redondo.

Tapa la embocadura del matraz con un vidrio de reloj y pon algunos cubitos de hielo encima.

2. Calienta el fondo del matraz muy ligeramente. Si no es suficiente con el calor de las manos, acerca muy brevemente la llama de una vela.

Observarás que se desprenden vapores de color violeta que subliman a sólido en la parte inferior del vidrio de reloj formando agujas de yodo.

Propiedades

Aspecto: sólido de color violeta oscuro
Densidad: 4,9 g/cm^3
Punto de fusión: 83 °C (sublima antes de fundirse)
Punto de ebullición: 184 °C
Conductividad eléctrica: no conductor

Material

- Yodo
- Agua
- Etanol
- Espátula
- Vidrio de reloj
- Cubitos de hielo
- Matraz de fondo redondo
- Dos tubos de ensayo

Actividades

1. ✓@ Completa las fichas de los elementos ensayados con información sobre sus aplicaciones. Para buscar información puedes consultar la tabla periódica interactiva que encontrarás en:

www.tiching.com/57141

SEGURIDAD

Para hacer los ensayos debes llevar bata de laboratorio y gafas de seguridad.

Los ensayos experimentales debes hacerlos en la vitrina de gases para evitar respirar vapores o humos.

1 Identifica. Elementos ✓

A continuación puedes leer una lista de materiales. Consulta la tabla periódica e identifica los que sean elementos:

- Vidrio
- Madera
- Aire
- Oxígeno

- Azufre
- Agua
- Sal
- Hierro

- Bronce
- Plomo
- Hojalata
- Fósforo

- Petróleo
- Plata
- Plástico
- Cloro

- Latón
- Aluminio
- Papel
- Arsénico

2 Utiliza. Propiedades de los metales ✓ ✦

Observa los objetos metálicos que se muestran en las fotografías. Cada uno de ellos se ha fabricado para aprovechar una o más de las diferentes propiedades que caracterizan los metales. Explica qué propiedad es la más destacada en cada caso.

a b c d e f

3 Identifica. Elementos y compuestos

En las figuras siguientes se representan elementos y compuestos. Asigna en tu cuaderno cada una de las seis etiquetas del listado al dibujo que creas que mejor le corresponde.

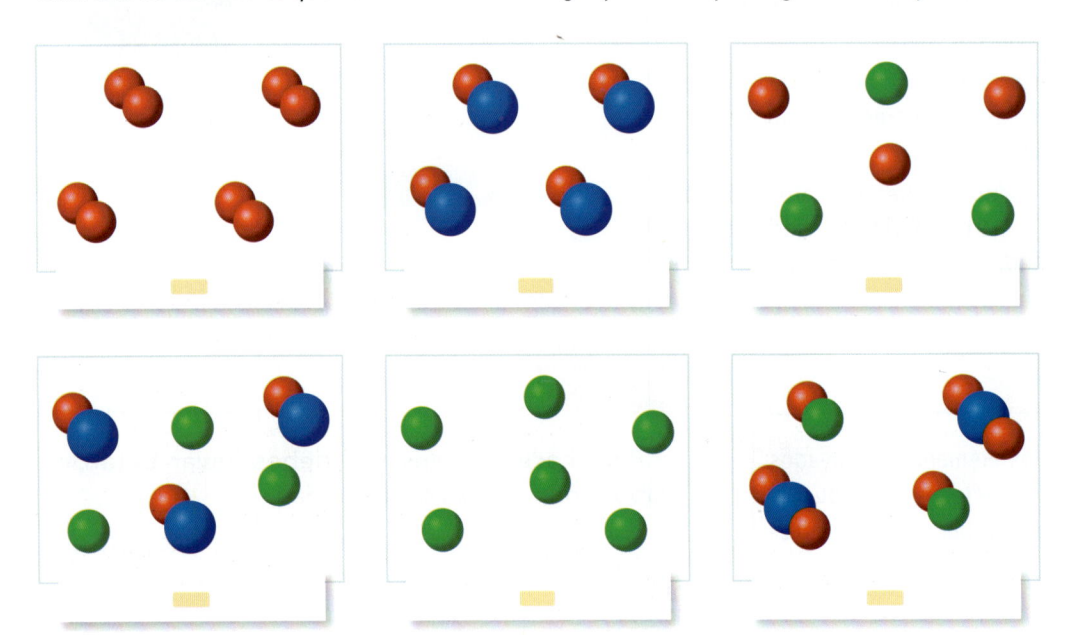

Elemento

Elemento

Mezcla de dos elementos

Compuesto

Mezcla de dos compuestos

Mezcla de elemento y compuesto

4 Verdadero o falso. **La materia**

Lee las siguientes afirmaciones respecto a la constitución de la materia e indica en tu cuaderno si las afirmaciones son verdaderas o falsas:

a) Cada elemento está constituido por su propio tipo de átomos.

b) Hay 118 elementos naturales en la Tierra.

c) Los compuestos están constituidos por átomos de dos o más tipos distintos.

d) Los elementos más importantes están recogidos en la tabla periódica.

e) La mayoría de los elementos químicos son metales.

f) Algunos elementos se han sintetizado artificialmente en los laboratorios.

5 Formula. **La sacarosa**

La figura representa la sacarosa (el azúcar común), un compuesto formado por tres elementos: carbono, oxígeno e hidrógeno.

Completa la fórmula química de la sacarosa poniendo en los recuadros los subíndices correspondientes.

C□ H□ O□

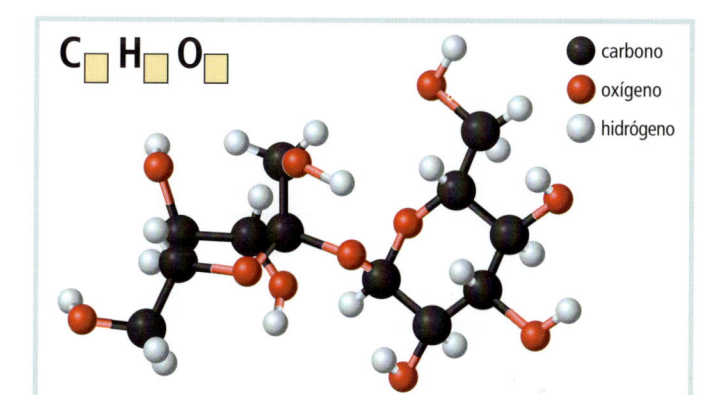

- carbono
- oxígeno
- hidrógeno

6 Nombra. **Los elementos químicos**

Completa la tabla en tu cuaderno poniendo el símbolo o el nombre del elemento, según sea el caso:

Nombre	Símbolo
oxígeno	
carbono	
sodio	
	Pb
	Mn
azufre	
	P
potasio	
	Hg
	Au

7 Separación. **Elementos y compuestos**

Lee el texto de la derecha y responde a las preguntas en tu cuaderno:

a) ¿Por qué se puede descomponer un compuesto y no un elemento?

b) ¿Qué se puede obtener cuando se descompone un compuesto?

c) Si se consigue descomponer una sustancia, es seguro que se trata de un compuesto. En caso de no conseguirlo, ¿se podría afirmar con total seguridad que dicha sustancia es un elemento? ¿Por qué?

Un compuesto químico se puede descomponer porque está formado por dos o más tipos de átomos.

Cuando un compuesto se descompone, se obtienen sus elementos o bien compuestos más sencillos que, a su vez, también pueden ser descompuestos.

Al final, cuando todos los diferentes elementos del compuesto estén separados, ya no se podrá seguir la descomposición.

8 Clasifica. **Elementos químicos** ✅

Consulta la tabla periódica y clasifica en tu cuaderno los siguientes elementos en metales, no metales y metaloides:

Sodio, cloro, uranio, cadmio, oxígeno, silicio, bario, estaño, bromo, níquel, fósforo, manganeso, hidrógeno, cinc, arsénico y mercurio.

9 Etiqueta. **Familias de elementos** ✅

Indica en tu cuaderno qué caja que le corresponde a cada una de las siete etiquetas de este listado:

- Gases nobles
- Alcalinos
- Metales de transición
- Metaloides
- Tierras raras
- Alcalinotérreos
- Halógenos

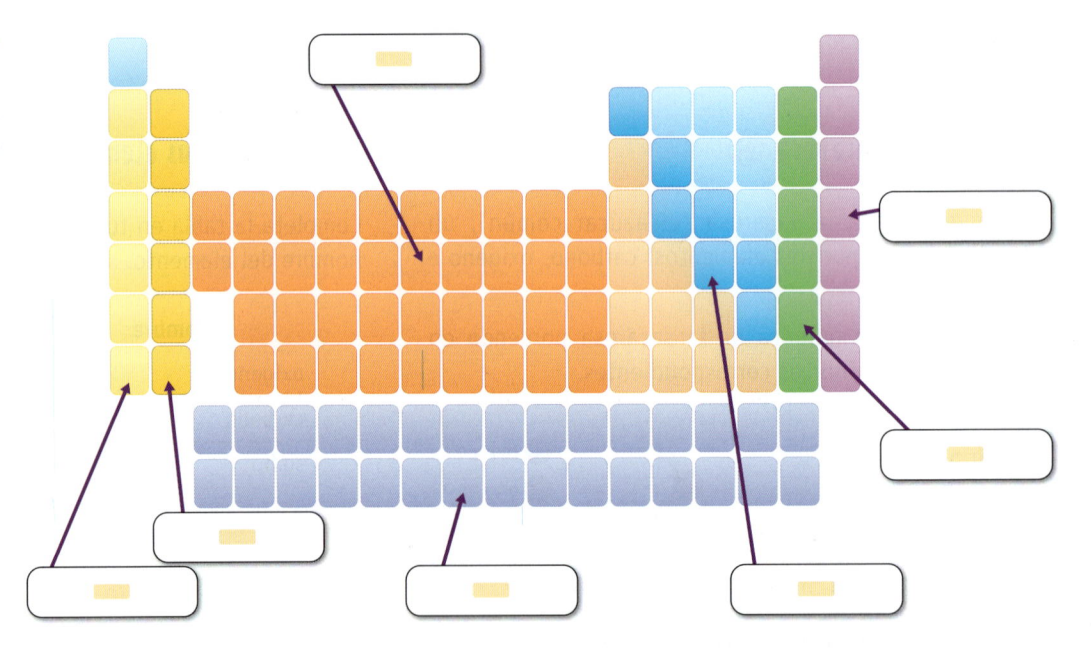

10 Expresa. **Composición del ser humano**

En la tabla de la página 71 se indica la composición en masa del cuerpo humano. Consúltala y luego:

a) Calcula las masas de los diferentes elementos que hay en una persona que pesa 60 kg.

b) Elabora en tu cuaderno un diagrama de barras en unos ejes como los de la derecha con los resultados obtenidos.

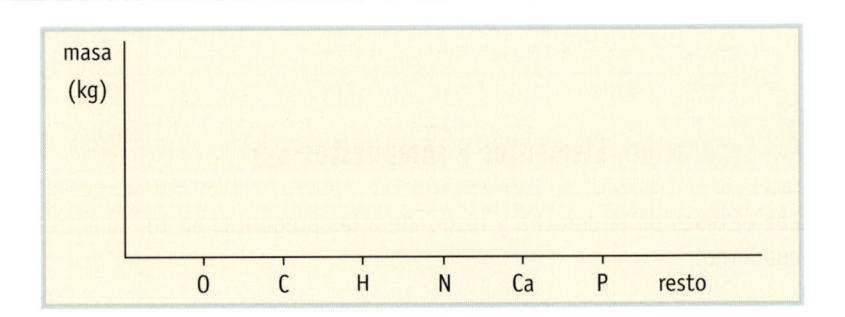

11 Explica. **Porcentajes**

En la corteza terrestre, la proporción de átomos de hidrógeno es muy elevada, es el tercer elemento más abundante, pero si se mira el porcentaje en masa, su posición baja hasta las últimas posiciones. ¿Cómo es posible que la abundancia de un elemento en número de átomos no se corresponda necesariamente con su abundancia en masa?

Síntesis. Elementos y compuestos químicos

Elementos y compuestos

✔ Los **átomos** son partículas muy pequeñas que forman la materia y que, según la teoría atómica de Dalton, no se pueden crear ni destruir. Hay distintos tipos de átomos, cada uno con sus propiedades características.

✔ Un **elemento químico** es aquella sustancia formada por un único tipo de átomos. Actualmente se conocen 118 elementos químicos, de los cuales 90 son **elementos naturales** y 28 son **elementos artificiales**. Cada elemento se representa con un **símbolo** formado por una o dos letras.

✔ Un **compuesto químico** es aquella sustancia formada por átomos de diferentes elementos combinados en una determinada proporción. Cada compuesto se simboliza por una **fórmula**.

✔ La **tabla periódica** recoge y clasifica los elementos químicos. Se organiza en filas, llamadas **períodos**, y en columnas, llamadas **grupos**.

✔ Los **metales** son elementos químicos que tienen una serie de propiedades comunes (brillo, conductividad térmica y eléctrica...), que los diferencian de los **no metales**. Los **metaloides** tienen características intermedias.

Elementos en la naturaleza

✔ Aproximadamente el 91% de los átomos del Universo son de **hidrógeno** y el 8,8% son de **helio**.

✔ Los elementos más abundantes en la Tierra son el **oxígeno** (53,3%), el **silicio** (15,9%) y el **hidrógeno** (15,1%).

✔ Nuestro cuerpo está formado por muchos elementos imprescindibles para vivir. Los más importantes son el **carbono**, el **hidrógeno** y el **oxígeno**.

---

1 CONSOLIDA LO APRENDIDO

a) ¿Qué postulados forman la teoría atómica de Dalton?

b) ¿Cuáles son las características más importantes de los átomos?

c) ¿Qué distingue a un elemento de un compuesto?

d) ✅ ¿Cuántos elementos existen? ¿Y cuántos compuestos?

e) ¿Cómo se representan los elementos y los compuestos?

f) ¿Cómo están organizados los elementos en la tabla periódica? ¿Qué nombre reciben las filas y las columnas?

g) ✅ ¿Qué propiedades características presentan los elementos metálicos?

h) ✅ ¿Qué características tienen los no metales?

i) ¿Qué es un metaloide? ¿Qué aplicaciones tienen estos elementos?

j) ¿Cuáles son los elementos más abundantes en el Universo? ¿Y en la Tierra? ¿Y en el cuerpo humano?

k) ¿Qué medidas de seguridad debes tomar cuando hagas ensayos en el laboratorio?

2 DEFINE CONCEPTOS CLAVE

- Átomo
- Elemento
- Compuesto
- Tabla periódica
- Período
- Grupo
- Metal
- No metal
- Metaloide

RESPONDE A LA PREGUNTA INICIAL

Después de haber estudiado este tema, puedes responder a la pregunta inicial:

¿Cómo se organiza la materia?

Redacta un texto de entre 10 y 20 líneas que resuma las conclusiones a las que hayas llegado.

AFIANZA LO APRENDIDO

Para consolidar los conocimientos adquiridos, puedes efectuar las actividades propuestas en:

www.tiching.com/744953

Están preparadas en un documento en formato pdf que puedes descargarte. Al final, hallarás las soluciones.

5 ESTRUCTURA DE LA MATERIA

¿Cómo son las piezas que constituyen la materia?

El ácido desoxirribonucleico (ADN) constituye una de las moléculas de la vida. Esta representación artística nos da idea de su complejidad.

La materia está formada por unas partículas muy pequeñas llamadas átomos. Estos átomos, que inicialmente se creían indivisibles, tienen realmente una estructura muy compleja formada por partículas aún más pequeñas.

Los átomos tienen una gran tendencia a unirse entre ellos y formar agregados. Los agregados más pequeños, constituidos por un número definido de átomos, son las denominadas moléculas, y los mayores, con un número indefinido de átomos, son las redes cristalinas o cristales.

Los conocimientos que los científicos han acumulado sobre la estructura de la materia han sido adquiridos de manera indirecta, ya que los átomos son tan pequeños que no pueden verse. Pese a ello, el concepto de átomo es uno de los más sólidamente fundamentados en la actualidad.

¿Qué sabemos?

- Las partículas que forman los átomos, por eso llamadas *partículas subatómicas*, son los protones, los neutrones y los electrones. ¿Has oído mencionar alguna vez esos nombres? ¿Qué sabes sobre esas partículas?

- En el lenguaje común, los términos *vidrio* y *cristal* se emplean como sinónimos, pero para los científicos el vidrio es lo menos parecido al cristal. Busca las definiciones científicas de ambos términos, vidrio y cristal, y explica las similitudes y las diferencias entre ellos.

¿Qué aprenderemos?

- Cuánto miden y cuánto pesan los átomos.

- De qué estan formados los átomos y qué estructura tienen.

- Qué distingue a los átomos de los distintos elementos.

- Cómo se combinan los átomos entre sí para formar moléculas y redes cristalinas.

- Qué lenguaje utiliza la química.

1 La dimensión de los átomos

Los átomos son las partículas más pequeñas de un elemento. Son tan pequeños que no pueden observarse ni con los microscopios más potentes. Por ello, sus tamaños y sus masas se han medido indirectamente.

1.1. Tamaño de los átomos

Los átomos no tienen una forma definida pero se representan de manera simplificada como esferas. El tamaño de un átomo se indica mediante el radio de esa esfera.

Los átomos son tan diminutos que difícilmente nos podemos hacer una idea de su dimensión solo por el valor numérico de su radio. Por ejemplo, el radio de un átomo de carbono mide 0,000 000 000 077 m.

Esa longitud es muy pequeña. Para que te hagas una idea: si todos los habitantes de España (unos 47 millones de personas) tuviesen el tamaño de átomos de carbono y se pusieran en fila, no llegarían a cubrir ni 1 cm de distancia fig. 1 .

Para no tener que escribir números con tantos ceros decimales, los radios atómicos se suelen expresar empleando un submúltiplo especialmente pequeño, el llamado *pico* (símbolo p), que equivale a:

$$1 \text{ p} = 0,000\,000\,000\,001$$

Empleando este submúltiplo, la escritura de los radios atómicos resulta más sencilla fig. 2 . Por ejemplo:

Radio de un átomo de carbono = 0,000 000 000 077 m = 77 pm

Radio de un átomo de sodio = 0,000 000 000 186 m = 186 pm

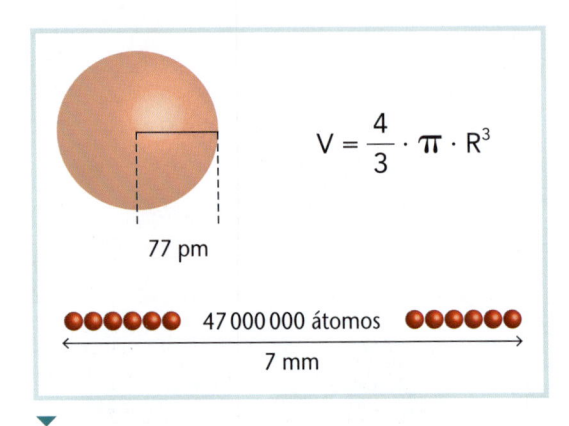

$$V = \frac{4}{3} \cdot \pi \cdot R^3$$

77 pm

47 000 000 átomos

7 mm

Fig. 1 Con 47 millones de átomos de carbono puestos en fila no llegaríamos a cubrir 1 cm.

1	2	3	4	5	6	7	8	9	10	11	12	13	14	15	16	17	18
H 37																	He 53
Li 152	Be 111											B 88	C 77	N 75	O 73	F 71	Ne 69
Na 186	Mg 160											Al 143	Si 117	P 110	S 104	Cl 99	Ar 97
K 231	Ca 197											Ga 153	Ge 122	As 121	Se 117	Br 114	Kr 109
Rb 244	Sr 215											In 167	Sn 158	Sb 141	Te 137	I 133	Xe 130
Cs 262	Ba 217											Tl 171	Pb 175	Bi 146	Po 140	At 140	Rn 140
Fr	Ra																

Na 186

Fig. 2 Radios atómicos de los elementos representativos expresados en picómetros (pm).

1.2. Masa de los átomos

Como los átomos son muy pequeños, también tienen masas muy pequeñas, y para indicarlas numéricamente resulta incómodo emplear las unidades de masa habituales.

Por ejemplo, la masa de un átomo de sodio expresada en kilogramos es:

$$m_{\text{átomo de sodio}} = 0,000\,000\,000\,000\,000\,000\,000\,000\,038 \text{ kg}$$

Para no escribir números tan pequeños, se ha definido para los átomos una unidad de masa especial, la llamada **unidad de masa atómica**, simbolizada por **u**.

La equivalencia de la unidad de masa atómica en kilogramos es:

$$1 \text{ u} = 0,000\,000\,000\,000\,000\,000\,000\,000\,001\,66 \text{ kg}$$

Por lo tanto, la masa de un átomo de sodio expresada en unidades de masa atómica es:

$$m_{\text{átomo de sodio}} = 23 \text{ u}$$

En la tabla periódica, como la del final del libro, la masa de los elementos se expresa en unidades de masa atómica.

Escalas de masa en la naturaleza

Cuando intentamos comprender el significado de los valores numéricos, los seres humanos estamos limitados por nuestras propias dimensiones.

En el caso de la masa, por ejemplo, somos capaces de captar sin dificultades aquellos valores cercanos a nuestra realidad física, del orden de kilogramos, pero se nos escapan las masas mucho más pequeñas o mucho más grandes.

Por eso las dimensiones de lo microscópicamente pequeño o de lo astronómicamente grande nos resultan prácticamente inconcebibles.

Fíjate en los ejemplos de la derecha, que están ordenados según el tamaño de sus masas, de las más pequeñas a las más grandes.

Átomo de sodio

Na

0,000 000 000 000 000 000 000 000 038 kg

Bacteria unicelular

0,000 000 000 000 01 kg

Gato

3,5 kg

Avión comercial

300 000 kg

Agua en los océanos

1 300 000 000 000 000 000 000 kg

El Sol

2 000 000 000 000 000 000 000 000 000 000 kg

Actividades

1. ¿Qué elemento de la tabla periódica tiene los átomos más pequeños? ¿Y los más grandes?

2. Escribe el radio de un átomo de hidrógeno expresado en picómetros y en metros.

3. ¿Qué elemento tiene un radio atómico de 175 pm?

4. Explica qué significa y cómo se simboliza la *unidad de masa atómica*.

5. ¿Qué elemento tiene 19 u de masa atómica?

6. Ordena los elementos hierro, aluminio, oxígeno, calcio, carbono y plomo de menor a mayor masa de sus átomos.

2 Estructura de los átomos

2.1. Modelos atómicos

Los átomos son tan pequeños que no pueden verse directamente, pero con métodos indirectos se ha conseguido saber cómo son por dentro fig. 1 .

La representación de los átomos es un *modelo atómico*.

> Los **modelos atómicos** son diagramas simplificados de la estructura real de los átomos.

Veamos cómo han cambiado a lo largo del tiempo.

Fig. 1 Detectores como el Atlas permiten estudiar el interior de la materia.

▶ Modelo de Dalton

El modelo atómico propuesto por J. Dalton en 1808 suponía que los átomos no tenían estructura interna.

Los átomos eran imaginados como bolas macizas de materia, parecidas a bolas de billar diminutas.

▶ Modelo de Thomson

El descubrimiento de los **electrones**, unas *partículas subatómicas* (más pequeñas que los átomos) con una masa muy pequeña y carga eléctrica negativa, obligó a modificar el modelo.

El modelo atómico de J. J. Thomson imaginaba los átomos como una bola maciza de materia con carga eléctrica positiva en la cual estaban embutidos los electrones.

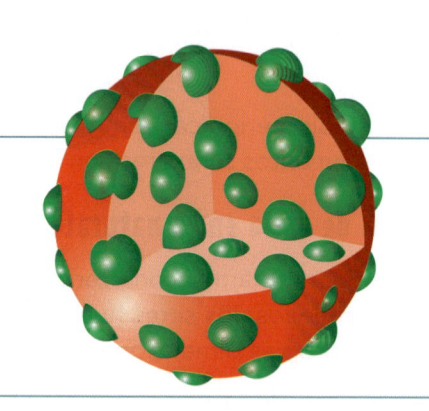

▶ Modelo nuclear

El modelo atómico actualmente aceptado es el llamado modelo nuclear. Fue propuesto por el físico E. Rutherford en 1908 y, originalmente, sus aspectos principales eran:

- Los átomos tienen dos zonas claramente diferenciadas: el **núcleo** y la **corteza electrónica**.

- El núcleo es muy pequeño en comparación con el átomo, pero allí se acumula casi toda la masa del átomo en forma de dos partículas: los **protones** y los **neutrones**.

- Los protones y los neutrones tienen una masa parecida, aproximadamente 1 u, pero se diferencian en que los protones tienen carga eléctrica positiva (+) y los neutrones no tienen carga.

- Los electrones giran alrededor del núcleo en la corteza electrónica.

- Los electrones tiene igual carga eléctrica que los protones, pero de signo negativo (–). En un átomo neutro hay igual número de electrones que de protones.

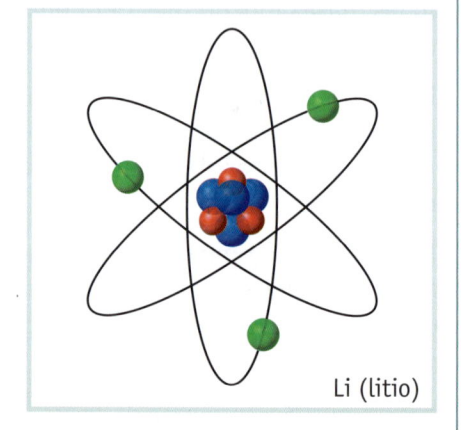

Li (litio)

Partícula subatómica	Masa (u)	Carga eléctrica	Situación
protón	1	+	núcleo
neutrón	1	0	núcleo
electrón	0,000 54	–	corteza electrónica

IDENTIFICACIÓN DE ÁTOMOS

¿Qué hace que un átomo sea de un elemento o de otro?

La característica que hace que un átomo sea de un determinado elemento es su **número de protones**. Este número recibe el nombre de **número atómico** y se simboliza con la letra **Z**.

Todos los átomos de un mismo elemento tienen igual número atómico. Por ejemplo, los átomos de hidrógeno tienen 1 protón, los de carbono, 6 protones, y los de sodio, 11 protones.

En la tabla periódica, los elementos están ordenados por el número atómico, es decir, por el número de protones.

Número atómico

5	6	7	8
B	**C**	**N**	**O**

Los elementos químicos se ordenan por su número atómico (boro, 5; carbono, 6; nitrógeno, 7...)

¿Todos los átomos de un elemento son iguales?

Tal como acabamos de ver, todos los átomos de un mismo elemento tienen el mismo número de protones. Pero su número de neutrones puede ser diferente.

Los átomos con igual número de protones y diferente número de neutrones reciben el nombre de **isótopos**.

La suma de protones y neutrones recibe el nombre de **número másico** y se simboliza con la letra **A**.

Los isótopos de un elemento se suelen nombrar con el nombre del elemento seguido de un guion y el número másico.

Por ejemplo, en la naturaleza hay tres isótopos del carbono. El más abundante es el carbono-12, que tiene en su núcleo seis protones y seis neutrones.

Número másico **A**

Número atómico **Z** **X** ─ Símbolo químico

Carbono-12
$Z = 6$ $A = 12$

12
C
6

Isótopo	Número de protones	Número de neutrones	Masa (u)	Abundancia (%)
Carbono-12	6	6	12	99
Carbono-13	6	7	13	1
Carbono-14	6	8	14	Muy poco

¿Qué indica la masa atómica de los elementos de la tabla periódica?

La masa atómica de un elemento indicada en la tabla periódica es la media *ponderada* de las masas de todos los isótopos naturales de dicho elemento.

Por ejemplo, la masa atómica del carbono que aparece en la tabla periódica es 12,01, un poco mayor que 12 por la presencia del carbono-13, que hace subir la media.

Ponderación

Que la media de la masa atómica de un elemento sea *ponderada* significa que se tiene en cuenta la abundancia natural de cada isótopo.

Actividades

1. Indica qué partícula subatómica introduce el modelo de Thomson respecto del modelo de Dalton.

2. ✔ Explica qué partículas subatómicas hay en el núcleo atómico. ¿Y en la corteza?

3. ¿Qué es el número atómico? ¿Coincide con el número de electrones? Define número másico.

4. ✔ ¿Qué es un isótopo?

5. ⊕ ¿Cuántos protones tiene un átomo con número atómico $Z = 15$ y número másico $A = 31$? ¿Y cuántos neutrones? ¿A qué elemento pertenece ese átomo?

6. ✔ ⊕ Indica el número atómico y el número másico de un átomo que tiene 36 protones y 48 neutrones.

3 Estructura de los compuestos

3.1. Enlace químico

Se conocen millones de sustancias químicas y todas están formadas por los pocos elementos que hay en la tabla periódica.

El hecho de que exista esa gran variedad de sustancias químicas se debe a que los átomos de la mayoría de los elementos tienen una gran tendencia a unirse a otros átomos, ya sea átomos del mismo elemento o de elementos distintos, dando lugar a los llamados **enlaces químicos**.

El resultado de los enlaces químicos son agrupaciones de átomos que se distinguen por el número y el tipo de átomos que las forman y la disposición que adoptan en el espacio.

3.2. Moléculas

Una **molécula** es una agrupación con un número definido de átomos, ya sean de un mismo elemento o de elementos distintos.

Moléculas de elementos	Moléculas de compuestos
Formadas por átomos iguales.	Formadas por átomos diferentes.
Molécula de ozono (O_3)	Molécula de etanol (CH_3CH_2OH)

3.3. Red cristalina o cristal

Una **red cristalina** o **cristal** es una agrupación indefinida de átomos que adoptan una estructura que parece estar construida a partir de un patrón repetido infinitamente en las tres dimensiones.

Cristales de elementos	Cristales de compuestos
Formados por átomos iguales.	Formados por átomos diferentes.
Cristal de carbono diamante (C)	Cristal de sílice (SiO_2)

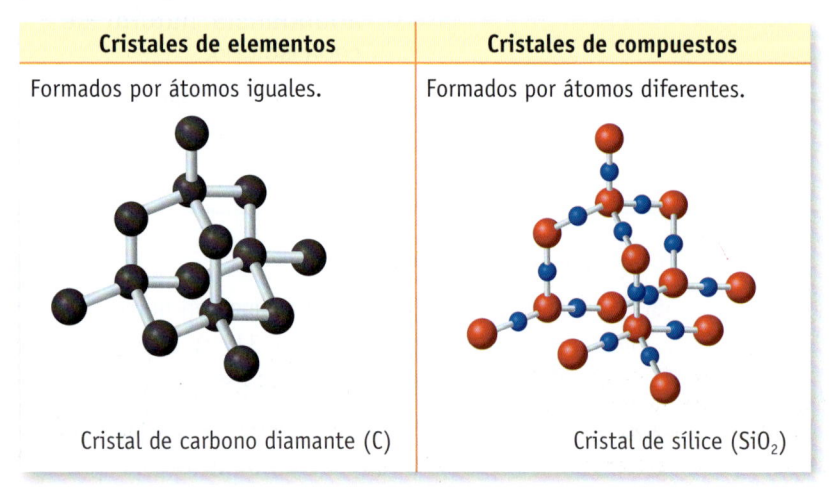

ESTRUCTURA DE ALGUNAS SUSTANCIAS COMUNES

Aire

El aire es una mezcla de gases. Los que se presentan en mayor proporción son el nitrógeno y el oxígeno, que se encuentran en forma de moléculas diatómicas, y el argón, que se encuentra en forma de átomos aislados.

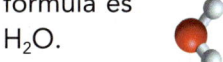

oxígeno   nitrógeno   argón

Agua

El agua es un compuesto molecular de hidrógeno y oxígeno cuya fórmula es H_2O.

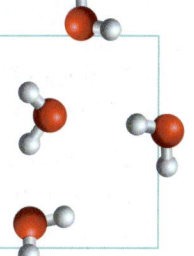

Azúcar común

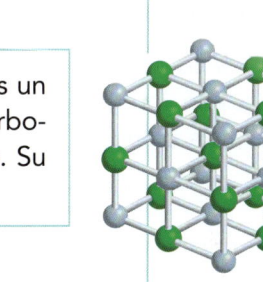

El azúcar común o sacarosa es un compuesto molecular de carbono, hidrógeno y oxígeno. Su fórmula es $C_{12}H_{22}O_{11}$.

Sal común

La sal común o cloruro de sodio está formada por una red cristalina de sodio y cloro.

Su fórmula es NaCl, lo que indica que la proporción de átomos de sodio y cloro en el cristal es de uno a uno.

Gas natural

El gas natural es una mezcla de diferentes compuestos moleculares de carbono e hidrógeno.

El componente mayoritario es *metano*, un compuesto de fórmula CH_4.

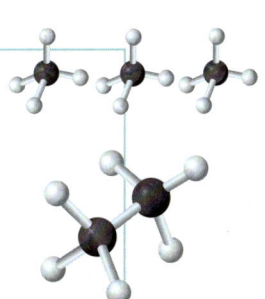

Hierro

El hierro, igual que todos los metales, forma una red cristalina.

Redes iónicas

Los átomos son neutros, pero pueden perder o ganar electrones y transformarse en **iones**, es decir, en átomos con carga eléctrica.

Los iones pueden ser:

- **Aniones**, con carga eléctrica **negativa**.
- **Cationes**, con carga eléctrica **positiva**.

Se representan con el símbolo del elemento y, como superíndice, la carga eléctrica. Así, Cl^- representa un anión de cloro y Na^+ representa un catión de sodio.

Muchos compuestos forman redes cristalinas con iones. Por ejemplo, la sal común es una red cristalina formada por iones Na^+ y Cl^-.

La presencia de iones se comprueba experimentalmente porque las disoluciones de sal conducen la corriente eléctrica.

Actividades

1. Explica qué es una molécula y pon un ejemplo.

2. ¿Qué diferencia hay entre una molécula y una red cristalina?

3. Justifica si pueden existir redes cristalinas en estado gas.

4. ¿Qué es un ion? ¿Cuántas clases de iones hay?

5. ¿Cuántos protones y electrones tienen estos iones: Al^{3+} y O^{2-}?

6. Escribe el símbolo de un ion con 20 protones y 18 electrones y el de otro con 35 protones y 36 electrones.

El lenguaje de la química

Las sustancias químicas empleadas en los laboratorios e industrias deben llevar obligatoriamente en el envase una etiqueta de información sobre los datos físicos y químicos de la sustancia y advertencias de seguridad.

En primer lugar, las etiquetas indican el nombre de la sustancia, su fórmula química y su masa molecular. Además, contienen indicaciones sobre su calidad y cantidad, frases H y P y los pictogramas de seguridad.

A CÓMO LLAMAMOS ACTUALMENTE A LAS SUSTANCIAS QUÍMICAS

En la actualidad, las sustancias químicas se nombran de manera que el mismo nombre informa de la fórmula. La nomenclatura más sencilla empleada que cumple esa condición es la llamada de **composición**.

Este sistema construye el nombre de la sustancia con los nombres de los elementos que la forman y, mediante prefijos, se indica el número de átomos de cada elemento que hay en la fórmula.

Hay que tener en cuenta:

- Generalmente se omite el prefijo *mono-*, indicador del número uno, de la misma forma que en la fórmula tampoco se escriben los números 1.

N.º átomos	Prefijo
uno	mono
dos	di
tres	tri
cuatro	tetra
cinco	penta
seis	hexa
siete	hepta

- El elemento situado a la derecha de la fórmula se nombra con la terminación *-uro*, excepto si es el oxígeno, que recibe el nombre de **óxido**.

Así decimos cloruro de sodio o hexafluoruro de manganeso pero óxido de aluminio.

- Algunos nombres de elementos se acortan o cambian cuando forman parte de compuestos. Por ejemplo, se dice **hidruro** y no ~~hidrogenuro~~; **carburo** y no ~~carbonuro~~; **nitruro** y no ~~nitrogenuro~~; **fosfuro** y no ~~fosforuro~~; **sulfuro** y no ~~azufruro~~.

Por ejemplo:

```
plomo ── PbCl₂ ── cloro
```

| Hay un átomo de plomo y por eso no se pone el número 1 ni el prefijo *mono-* | Hay dos átomos de cloro y se indica con el prefijo *di-* |

El nombre se escribe leyendo la fórmula de derecha a izquierda:

dicloruro de plomo

Veamos otro ejemplo:

Trióxido de dialuminio
3   O   2   Al

La fórmula se compone leyendo el nombre de derecha a izquierda. Se escriben los símbolos de los elementos y, como subíndices, los números indicados en sus prefijos:

$$Al_2O_3$$

▶ Número CAS

El número de registro CAS (*Chemical Abstracts Service*) identifica cada una de los más de cien millones de sustancias conocidas. Con ese número se puede encontrar toda la información de la sustancia.

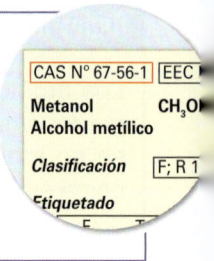

CAS Nº 67-56-1 |EEC
Metanol   CH₃
Alcohol metílico
Clasificación |F; R 1
Etiquetado

B MASA MOLECULAR

La **masa molecular** de un compuesto es la suma de las masas atómicas relativas de los elementos que lo forman según el número de átomos indicado en la fórmula.

Por ejemplo, para calcular la masa molecular del dicloruro de plomo, $PbCl_2$, identificamos los elementos

plomo y cloro, y buscamos sus masas atómicas en la tabla periódica:

- Masa atómica del $Pb = 207{,}2$
- Masa atómica del $Cl = 35{,}45$

Así, la masa molecular del $PbCl_2$ es:

$$M(PbCl_2) = 1 \cdot 207{,}2 + 2 \cdot 35{,}45 = 278{,}1$$

C INFORMACIÓN DE LA SUSTANCIA

▸ Cantidad

En los compuestos puros se indica la masa o el volumen, según se trate de un sólido o un líquido. En las disoluciones se indican el volumen y la concentración.

▸ Calidad

La calidad de la sustancia se indica mediante la riqueza expresada en porcentaje en masa y el análisis de las impurezas que contiene.

Además, en las sustancias más puras se añade un código con las letras PA (que significan *para análisis*) que indican que la sustancia tiene la pureza suficiente para ser empleada como reactivo en procedimientos de análisis químico.

▸ Frases H y P

Las frases H (advertencias de peligro) son equivalentes a las antiguas frases R, mientras que las frases P (consejos de prudencia), sustituyen a las antiguas frases S. Cada frase tiene un código numérico reconocido internacionalmente para que la frase se pueda entender aunque se desconozca el idioma.

▸ Pictogramas de seguridad

Los pictogramas de seguridad son una serie de diez símbolos estandarizados por la Unión Europea que advierten de los riesgos que el uso de esa sustancia puede acarrear tanto a las personas como al medioambiente.

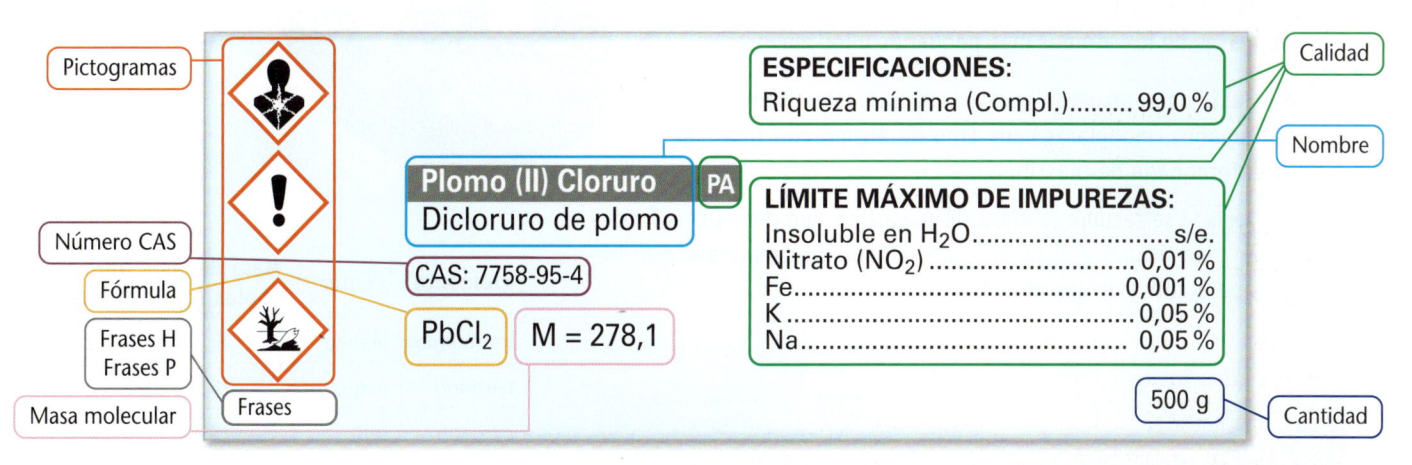

Pictogramas

Número CAS

Fórmula

Frases H
Frases P

Masa molecular — Frases

Plomo (II) Cloruro PA
Diclorudo de plomo

CAS: 7758-95-4

PbCl₂   M = 278,1

ESPECIFICACIONES:
Riqueza mínima (Compl.)......... 99,0 %

Calidad

Nombre

LÍMITE MÁXIMO DE IMPUREZAS:
Insoluble en H_2O........................... s/e.
Nitrato (NO_2) .... 0,01 %
Fe.. 0,001 %
K.. 0,05 %
Na.. 0,05 %

500 g — Cantidad

Actividades

1. Escribe la fórmula de los siguientes compuestos:

  a. Dióxido de carbono   c. Trióxido de azufre

  b. Fluoruro de potasio   d. Sulfuro de calcio

2. ✅ Escribe el nombre de los compuestos siguientes:

  a. Ni_2O_3 c. P_2O_5

  b. LiBr   d. ZnO

3. 🌐 @ ¿Qué son las frases H y P? ¿En qué se diferencian unas de otras? Busca información y pon un ejemplo de frases H o P con su número y su significado.

4. ¿Qué significado tienen las siglas PA en la etiqueta de un reactivo químico?

5. ✅ 🌐 Si en una etiqueta se indica que la sustancia tiene una riqueza del 97,5 %, ¿qué porcentaje de impurezas contiene?

6. @ El número CAS de una sustancia de uso muy común es: 103-90-2. Introduce en un buscador de Internet "sustancia química CAS = 103-90-2" para saber de qué sustancia se trata. Escribe el nombre y la fórmula de la sustancia y explica para qué se utiliza.

Construcción de modelos moleculares

Las moléculas y las redes cristalinas son tridimensionales, y esa realidad espacial se pierde cuando se dibujan sobre el papel. Por esa razón, la construcción de modelos moleculares es una tarea habitual en muchos laboratorios de investigación química, aunque en la actualidad esos modelos se construyen con aplicaciones informáticas por la complejidad de las estructuras moleculares manejadas.

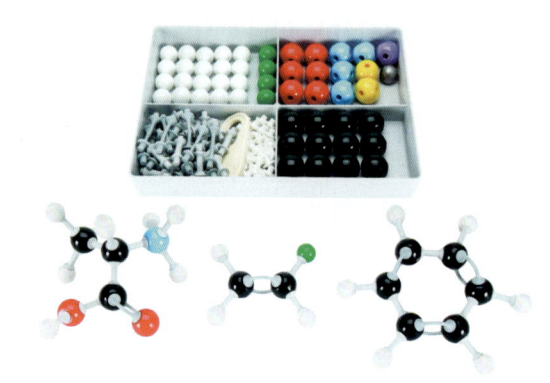

A. CONSTRUIR MODELOS MOLECULARES

En primer lugar construiremos unos modelos moleculares sencillos de plastilina, y luego los utilizaremos.

📎 **Modelado de las bolas de plastilina que representarán a los átomos de cada elemento**

Material
- Plastilina de varios colores
- Cañas de refresco o palillos

1. Asigna un color determinado para cada tipo de átomo. El código de colores más habitual empleado en los modelos moleculares comerciales y en las ilustraciones está indicado en la tabla 1 .

2. Para construir a escala un modelo molecular, se debería tener en cuenta la masa relativa de los diferentes átomos que integran la molécula. Sin embargo, eso no es posible porque hay demasiada diferencia entre las masas de los átomos más pequeños y los mayores.

   Aun así, para respetar aproximadamente la diferencia de tamaños, modelarás cada tipo de átomo con una masa determinada de plastilina.

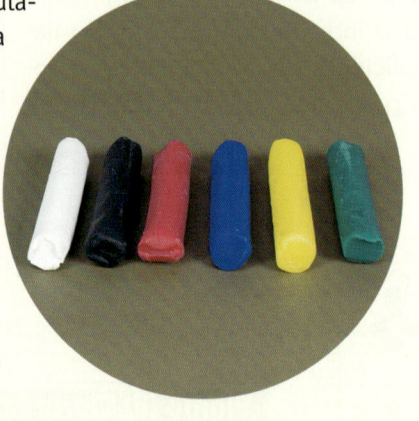

En la tabla 1 se resume la masa de plastilina que debes tomar para modelar cada átomo y el número de átomos de cada clase que necesitas para construir los modelos.

Tabla 1

Elemento	Color	Masa de las bolas (g)	Número de bolas
hidrógeno	blanco	5	9
carbono	negro	15	2
oxígeno	rojo	15	6
nitrógeno	azul oscuro	15	1
azufre	amarillo	30	1
cloro	verde	30	2

📎 **Corte de los enlaces**

Para unir los átomos emplea como enlaces trozos de cañas de refresco o palillos cortados a una medida exacta de 4 cm.

Para la construcción de todas las moléculas previstas te hará falta cortar 15 enlaces.

Construcción de las moléculas

Para construir las moléculas debes tener en cuenta la clase y el número de átomos enlazados y la disposición espacial que estos adoptan.

En la siguiente tabla tienes los nombres y las fórmulas de las sustancias y la forma geométrica de sus moléculas:

Nombre	dicloro	dióxido de carbono	agua	amoniaco	trióxido de azufre	metano
Fórmula	Cl_2	CO_2	H_2O	NH_3	SO_3	CH_4
Forma de la molécula	lineal	lineal	angular	piramidal	plana triangular	tetraédrica

Simulación TIC

Observa una aplicación para construir **modelos moleculares** y verlos en tres dimensiones en:

www.tiching.com/744247

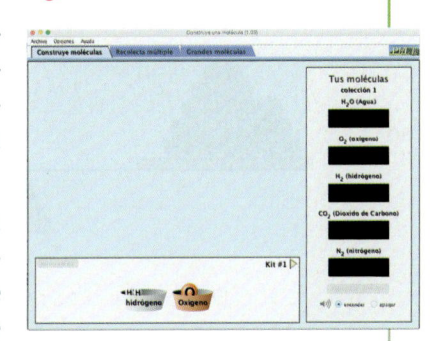

En las pestañas *Construye moléculas* y *Recolecta múltiple*, te proponen construir una serie de moléculas.

Cuando tienes una montada, aparece sobre ella un botón de `3D` que te permite visualizarla en tres dimensiones y en dos formas de presentación:

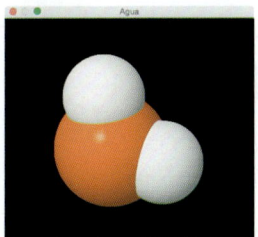

Espacio de relleno	Bolas y palos

La tercera pestaña *Grandes fórmulas* presenta distintos kits de átomos y puedes construir las moléculas que quieras con la única limitación de que solo podrás emplear los átomos disponibles en cada kit.

Si la molécula que construyes existe, en el momento de poner el último átomo te aparecerá el nombre (en inglés) de la sustancia y la opción de verla en tres dimensiones.

Actividades

1. En la figura se muestra el modelo molecular del ibuprofeno, una sustancia empleada como medicamento por sus efectos antipiréticos y antiinflamatorios. En este modelo se emplea el mismo código de colores que el recogido en la tabla de la página anterior.

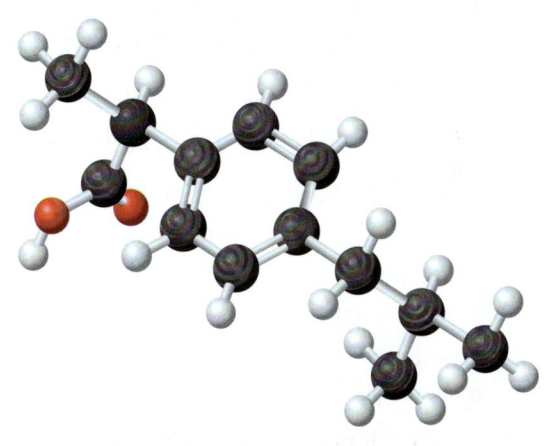

a. ¿Qué significa que el ibuprofeno tiene efectos antipiréticos?

b. ¿Qué elementos forman el ibuprofeno?

c. Escribe la fórmula molecular del ibuprofeno.

d. Calcula la masa molecular del ibuprofeno.

2. Define estos conceptos y pon un ejemplo para cada uno:

a. Molécula diatómica.

b. Molécula de un elemento.

c. Molécula de un compuesto.

1 Observa. El tamaño de los átomos ✓ 123 4

La figura muestra los diagramas a escala de átomos de los siguientes elementos:

- Cloro
- Helio
- Cesio
- Estroncio

Consulta la tabla de radios atómicos de los elementos (fig. 2 de la página 80) e identifícalos.

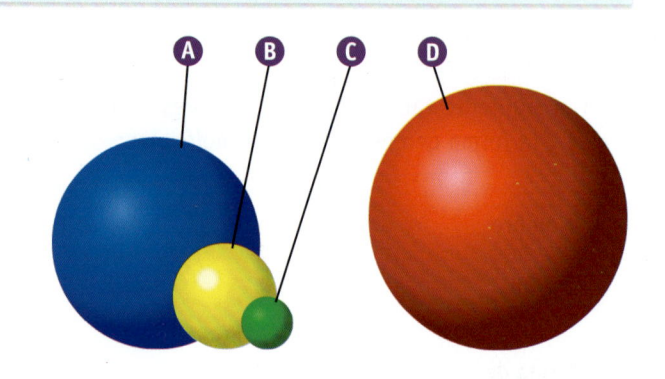

2 Calcula y escribe. Masas atómicas ✓ A·A

a) Las balanzas de las figuras están equilibradas con átomos de los elementos siguientes:

- Sodio
- Hidrógeno
- Azufre
- Oxígeno

Los colores son arbitrarios y no siguen el código habitual de los modelos moleculares. Consulta la tabla periódica para averiguar la masa atómica de los elementos mencionados e identifícalos en cada plato de la balanza.

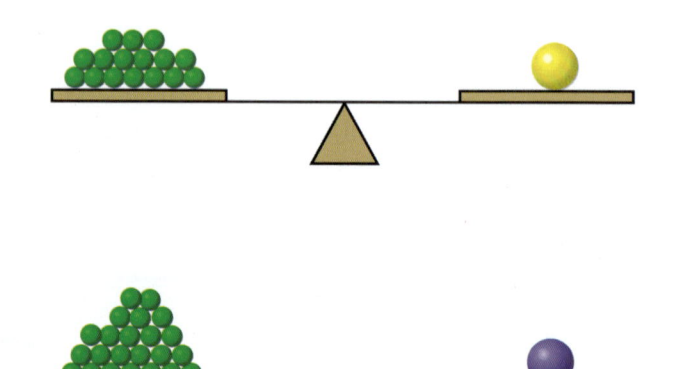

b) Escribe un número o una palabra para completar en tu cuaderno las siguientes frases:

- La masa atómica del elemento níquel es ▬▬ .
- La masa atómica del elemento ▬▬ es 39,1.
- El número atómico del elemento bromo es ▬▬ .
- El número atómico del elemento ▬▬ es 10.
- Todos los átomos de un mismo elemento tienen el mismo número de ▬▬ en el núcleo.
- La suma de los protones y neutrones que tiene un isótopo en su núcleo se llama número ▬▬ .
- En un átomo neutro hay el mismo número de protones que de ▬▬ .

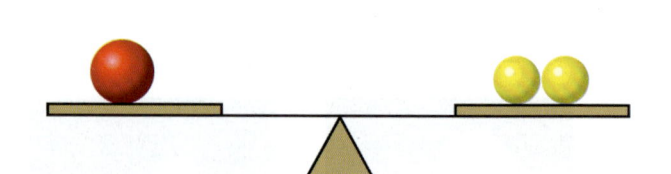

3 Identifica. Estructura atómica ✓

Copia en tu cuaderno la figura de la derecha, que representa un diagrama del átomo de boro. Coloca las siguientes etiquetas en las cajas según la parte del átomo a la que correspondan:

- Protón
- Núcleo
- Corteza electrónica
- Electrón
- Neutrón

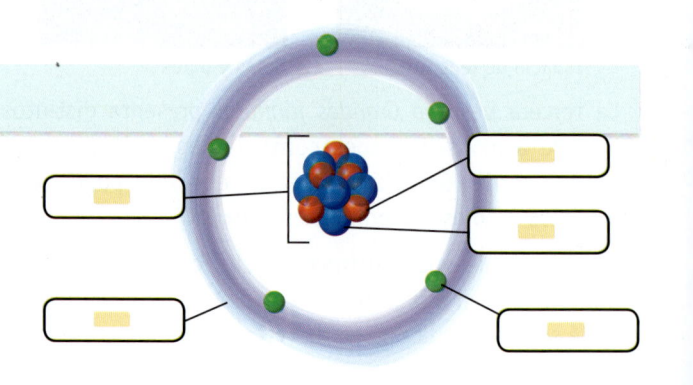

4 Completa y dibuja. Estructura atómica e isótopos

a) Completa en tu cuaderno una tabla como esta que muestra las características de algunos isótopos:

Isótopo del elemento...	Número de protones	Número de neutrones	Número atómico (Z)	Número másico (A)
carbono	6	6	▬	▬
▬	▬	12	11	▬
▬	▬	▬	4	9
azufre	▬	16	▬	▬
aluminio	▬	▬	▬	27

b) Toma como modelo el diagrama del átomo de litio que hay en la página 82 para dibujar los diagramas de los siguientes átomos:

– Un átomo de carbono con 6 protones y 7 neutrones.

– Un átomo con $Z = 9$ y $A = 10$.

5 Ordena. La masa en los átomos

Copia en tu cuaderno y coloca en las cajas correspondientes, en orden creciente de masa, estas partículas:

- Átomo de carbono
- Electrón
- Protón
- Núcleo de carbono
- Neutrón

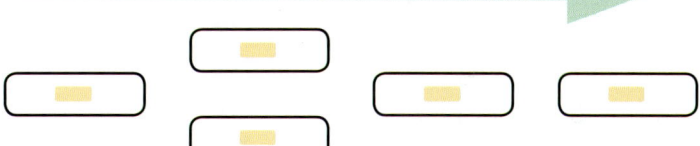

ORDEN CRECIENTE DE MASA

6 Clasifica. Átomos, moléculas e iones

a) Indica si son ciertas o falsas las siguientes afirmaciones referidas a los iones. Hazlo en tu cuaderno.

1. Un átomo que haya perdido electrones es un anión.

2. Un átomo que tenga más protones que electrones es un catión.

3. El símbolo Mg^{2+} representa un catión.

4. Un catión se forma cuando un átomo gana protones.

5. Los iones se forman por ganancia o pérdida de electrones.

b) Copia en tu cuaderno estas fórmulas y clasifícalas según representen átomos, moléculas, cationes o aniones:

- H_2O
- Br
- Ca^{2+}
- He
- Na^+
- NH_3
- S^{2-}
- N_2
- O_3
- SO_2
- Si
- Ni^{3+}

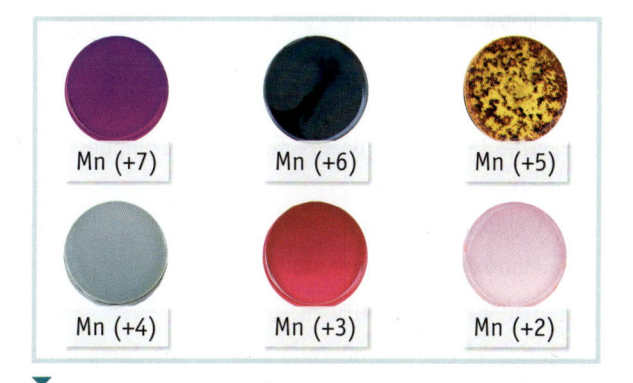

Algunos elementos como el manganeso (Mn) tienen una gran capacidad de combinación y forman diferentes iones.

7 Analiza. Seguridad en los productos químicos

En las etiquetas de los productos químicos hay una serie de frases cortas que advierten sobre riesgos específicos (frases H) o dan consejos de seguridad (frases P).

Clasifica las siguientes frases según sean del tipo H o P:

a) Inflamable.

b) Manténgase fuera del alcance de los niños.

c) Conservar alejado del calor.

d) Irrita los ojos.

e) En caso de contacto con los ojos, lávense inmediata y abundantemente con agua y acúdase a un medico.

f) En caso de ingestión, acúdase inmediatamente al médico y muéstrele la etiqueta o el envase.

g) No tirar los residuos por el desagüe.

h) Tóxico por inhalación.

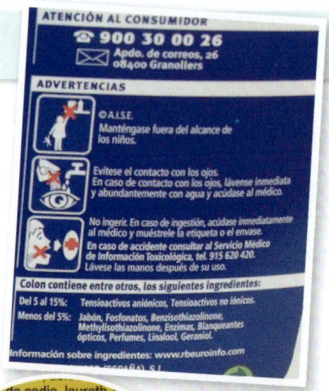

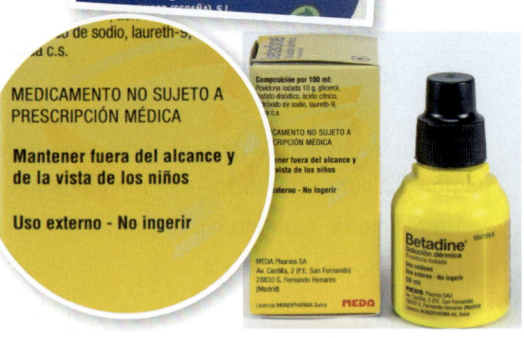

8 Elabora. Formulación y nomenclatura

a) Los diagramas representan átomos, moléculas y redes cristalinas. Relaciona en tu cuaderno cada diagrama con la etiqueta que mejor le corresponda:

- Cristal de compuesto iónico
- Átomos de elemento
- Moléculas de compuesto
- Cristal de compuesto
- Moléculas de elemento
- Cristal de elemento

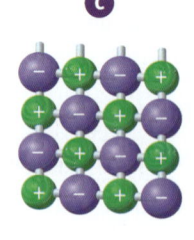

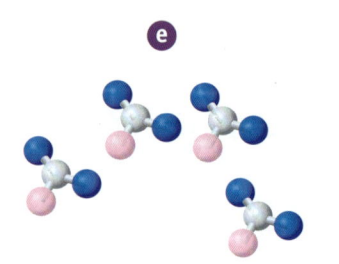
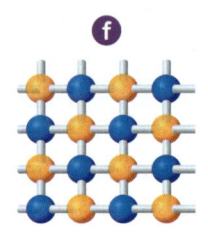

b) Escribe la fórmula de los siguientes compuestos y calcula sus masas moleculares:

- Óxido de disodio
- Monóxido de nitrógeno
- Trióxido de dihierro
- Pentacloruro de fósforo
- Tetracloruro de carbono
- Monóxido de carbono
- Sulfuro de calcio
- Hidruro de litio
- Dióxido de azufre

c) Escribe el nombre de cada uno de los compuestos siguientes y calcula sus masas moleculares. Hazlo en tu cuaderno.

- MgS
- PbO_2
- CaF_2
- K_2S
- SiO_2
- Cu_2O
- N_2O_3
- CS_2
- BeH_2
- PF_3
- H_2O
- $SnCl_2$

Síntesis. Estructura de la materia

Átomos

✔ Los **átomos** son las partículas más pequeñas de un elemento. No tienen una forma definida pero se representan de manera simplificada como esferas. El tamaño de un átomo se indica por el radio de esa esfera.

✔ Los **modelos atómicos** son diagramas simplificados de la estructura real de los átomos.

✔ Los átomos constan de **núcleo** y **corteza electrónica**. En el núcleo están los protones y los neutrones y en la corteza electrónica los electrones.

✔ El número de protones recibe el nombre de **número atómico** y se simboliza con la letra **Z**. Todos los átomos de un mismo elemento tienen igual número atómico, que es diferente al de los demás elementos.

✔ Dos átomos con igual número de protones (y por tanto del mismo elemento) y diferente número de neutrones reciben el nombre de **isótopos**.

✔ La suma de protones y neutrones recibe el nombre de **número másico** y se simboliza con la letra **A**.

Agrupaciones de átomos

✔ Los átomos de la mayoría de los elementos tienden a unirse a otros átomos, ya sea átomos del mismo elemento o de elementos distintos, dando lugar a los llamados **enlaces químicos**.

✔ Una **molécula** es una agrupación con un número definido de átomos, ya sean de un mismo elemento o de elementos distintos.

✔ Una **red cristalina** o cristal es una agrupación indefinida de átomos que adoptan una posición ordenada y regular en el espacio.

---

1 CONSOLIDA LO APRENDIDO

a) ✔ ¿Qué tamaño tienen los átomos? ¿Por qué se utilizan submúltiplos como el picómetro?

b) ✔ ¿Qué es la unidad de masa atómica, cómo se simboliza y con qué masas suele utilizarse?

c) ¿Qué diferencia el modelo atómico de Thomson del modelo atómico de Dalton? ¿Y qué los diferencia del modelo nuclear?

d) ¿Todos los átomos de un elemento son iguales? ¿Qué los caracteriza?

e) ✔ ¿Qué indica la masa atómica de los elementos que aparece en la tabla periódica?

f) ¿En qué se diferencia una molécula de una red cristalina?

g) ✔ ¿Qué es un ion? ¿Qué tipos de iones existen?

h) ¿Cómo se calcula la masa molecular de un compuesto?

i) ¿En qué consiste la nomenclatura de los compuestos químicos? ¿Podemos conocer la fórmula química de un compuesto a partir de su nombre?

j) ¿Qué son y para qué sirven los modelos moleculares?

2 DEFINE CONCEPTOS CLAVE

- Átomo
- Elemento
- Compuesto
- Isótopo
- Molécula
- Ion
- Masa atómica
- Red cristalina
- Masa molecular

RESPONDE A LA PREGUNTA INICIAL

Después de haber estudiado este tema, puedes responder a la pregunta inicial:

¿Cómo son las piezas que constituyen la materia?

Redacta un texto de entre 10 y 20 líneas que resuma las conclusiones a las que hayas llegado.

AFIANZA LO APRENDIDO

Para consolidar los conocimientos adquiridos, puedes efectuar las actividades propuestas en:

www.tiching.com/744954

Están preparadas en un documento en formato pdf que puedes descargarte. Al final, hallarás las soluciones.

La profunda transformación que experimenta la madera al quemarse ha sido conocida y utilizada por el ser humano desde la Antigüedad.

En el transcurso del tiempo, los seres humanos hemos aprendido a transformar los materiales disponibles en la naturaleza para hacerlos más aprovechables.

La materia se puede transformar de modo superficial o profundo. Hacer leña de las ramas de un árbol o cortar tablones de un tronco es solo un cambio aparente de la madera, puesto que se modifica su aspecto físico, pero no su naturaleza química.

Sin embargo, cuando se quema madera en una hoguera el cambio producido es radical. La ceniza y el humo producidos han dejado de ser madera.

Cuando las sustancias sufren transformaciones muy profundas de su naturaleza y se convierten en otras distintas, se dice que sufren cambios químicos o **reacciones químicas**.

¿Qué sabemos?

Los materiales que encontramos en la naturaleza se pueden clasificar según su origen animal, vegetal o mineral.

Así, por ejemplo, el papel impreso que estás leyendo se compone mayoritariamente de fibras de celulosa de origen vegetal, aunque también contiene pequeñas cantidades de aditivos y tintas de origen mineral.

- Confecciona un listado de objetos de uso corriente y clasifícalos según el origen del material mayoritario que contengan.

- Identifica entre esos materiales los que hayan experimentado alguna transformación química.

¿Qué aprenderemos?

- Cómo puede cambiar la materia.

- Qué cambios experimentan las sustancias en una reacción química.

- Qué reacciones químicas suceden a nuestro alrededor.

- Por qué es necesario reducir la cantidad de residuos que generamos y fomentar la reutilización y el reciclaje.

1 Cambios físicos y químicos de la materia

1.1. Cambio físico

Si pones un poco de azúcar en un mortero y lo trituras conseguirás transformar los cristales en un polvo parecido a la harina. El azúcar ha experimentado un cambio en su aspecto, pero continúa siendo azúcar. Lo sabes porque sigue siendo igual de dulce.

Si tomas una cucharada de ese polvo y lo mezclas con agua, el azúcar desaparece. Pero es una desaparición aparente: el azúcar se ha disuelto en el agua. Las moléculas del azúcar se han dispersado por el agua, y prueba de ello es que el agua tiene sabor dulce.

Los cambios anteriores son dos ejemplos de *cambios físicos*.

Un **cambio físico** sucede cuando una sustancia experimenta alguna transformación que cambia su apariencia, pero que no altera su naturaleza química.

Otro ejemplo son los cambios de estado, que además son **reversibles** según las condiciones:

Sentido progresivo (calentamiento): sólido → líquido → gas

Sentido regresivo (enfriamiento): gas → líquido → sólido

Cambio reversible

Un cambio es **reversible** si puede producirse en un sentido o en el contrario según las condiciones.

1.2. Cambio químico

Si calientas un poco de azúcar, después de un rato funde y se transforma en caramelo. Si continúas el calentamiento, el azúcar se espesa y oscurece al tiempo que se desprenden gases que huelen a quemado.

Si sigues calentando, al final el azúcar desaparece convertido en gas y queda un residuo carbonizado de color negro con unas propiedades completamente distintas a las del azúcar original: su sabor ya no es dulce ni se disuelve en agua.

La carbonización del azúcar es un ejemplo de *cambio químico*.

Un **cambio químico** o **reacción química** sucede cuando una sustancia experimenta una transformación tan profunda que modifica su naturaleza química.

Muchas reacciones químicas son **irreversibles**; por ejemplo, la carbonización del azúcar. Una vez que el azúcar se ha transformado en un residuo carbonoso, ya no es posible volver atrás y convertirlo de nuevo en azúcar.

Sin embargo, la mayoría de las reacciones químicas son **reversibles** porque suceden en un sentido u otro según las condiciones.

Cambio irreversible

Un cambio es **irreversible** si una vez producido no se pueden recuperar las sustancias iniciales.

1.3. Ecuación química

Las sustancias que se transforman en una reacción química se denominan **reactivos**, y las sustancias que se forman, **productos**.

> Una **ecuación química** es la expresión simbólica de una reacción química. A la izquierda se representan los reactivos y a la derecha, separados por una flecha, se escriben los productos.
>
> Reactivos → Productos

Los reactivos y productos se suelen indicar por el nombre o la fórmula. Por ejemplo:

agua + monóxido de carbono → hidrógeno + dióxido de carbono

$$H_2O + CO \rightarrow H_2 + CO_2$$

Muchas veces se indican también en la ecuación los estados físicos de las sustancias que intervienen tabla 1 :

$$H_2O \, (l) + CO \, (g) \rightarrow H_2 \, (g) + CO_2 \, (g)$$

Interpretación atómico-molecular de la reacción química

Una reacción química se interpreta a nivel atómico-molecular por la rotura de los enlaces de los reactivos y la formación de nuevos enlaces en los productos.

La rotura de los enlaces permite que los átomos de los reactivos queden sueltos y puedan reagruparse de manera diferente, con lo cual se forman productos nuevos fig. 1 .

Fig. 1 Las propiedades físicas y químicas de los reactivos y de los productos son completamente distintas porque son sustancias diferentes.

@ Amplía en la Red...

Observa una animación de la reacción de formación de agua en: www.tiching.com/744250

Tabla 1

Estados físicos y su significado	
(s)	sólido
(l)	líquido
(g)	gas
(ac) o (aq)	solución acuosa

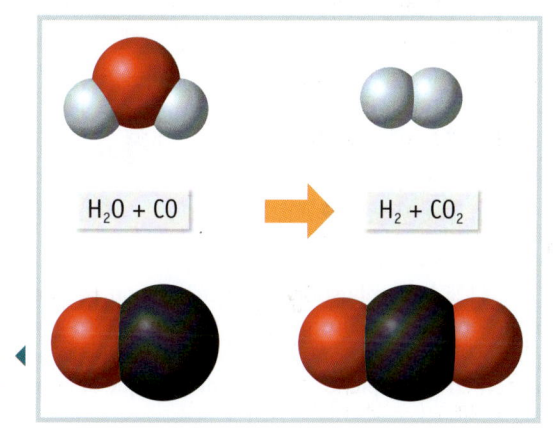

$H_2O + CO$ $H_2 + CO_2$

Actividades

1. 🗸 🔤 Explica la diferencia principal que hay entre un cambio físico y un cambio químico.

2. 🗸 Las siguientes acciones producen transformaciones en la materia. Clasifícalas según sean cambios físicos o reacciones químicas:

   a. Quemar un papel.

   b. Limpiar una mancha de pintura con aguarrás.

   c. Encender una lámpara eléctrica.

   d. Hornear pan.

   e. Congelar agua.

   f. Elaborar yogur a partir de leche.

3. 🔼 Las sustancias que aparecen en la siguiente ecuación química son: trióxido de azufre (SO_3), agua (H_2O) y ácido sulfúrico (H_2SO_4):

   $$SO_3 + H_2O \rightarrow H_2SO_4$$

   a. ¿Qué elementos químicos aparecen en esta ecuación química?

   b. ¿Es cierto que está reacción química representa la disolución del trióxido de azufre en agua?

   c. ¿Qué sustancias son los reactivos en esta ecuación? ¿Y los productos?

   d. Dibuja un diagrama atómico-molecular parecido al de la fig. 1 para esta ecuación química.

Características de la reacción química

2.1. Conservación de la masa

A finales del siglo XVIII, el químico francés A. Lavoisier fig. 1 llevó a cabo una serie de experimentos en los que midió cuidadosamente la masa de las sustancias que reaccionaban y la de los productos que se formaban.

Los resultados de todos esos cuidadosos experimentos le llevaron a formular la denominada **ley de la conservación de la masa** o **ley de Lavoisier**:

> En toda reacción química, la **masa de los reactivos** que han reaccionado es la **misma** que la **masa de los productos** que se han formado.

Esta ley es una consecuencia de que en una reacción química los átomos se separan en los reactivos y vuelven a unirse en los productos, pero los átomos ni desaparecen ni se crean durante la reacción, solo cambian de posición fig. 2 .

Fig. 1 Antoine Lavoisier (1743-1794).

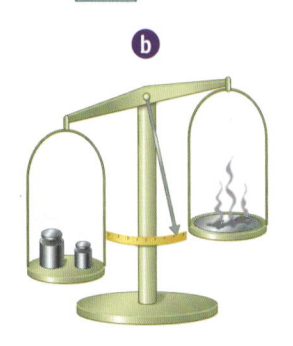

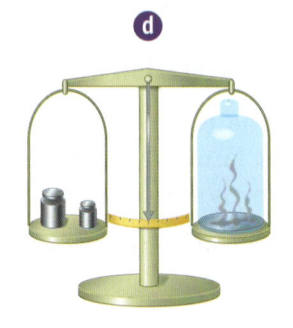

Fig. 2 Si la combustión se efectúa en un recipiente abierto (a), se produce una pérdida aparente de masa (b) porque los gases se dispersan por el aire; pero si la combustión se hace en un recipiente cerrado (c), los gases permanecen en el recipiente y se comprueba que la masa se conserva (d).

2.2. Calor de reacción

Cuando se cocinan los alimentos suceden reacciones químicas que transforman algunas de las sustancias del alimento crudo en otras que lo hacen más sabroso. Para que esas reacciones se produzcan es necesario aportar calor.

> Una reacción es **endotérmica** si necesita un aporte de calor para que se produzca.

Por otro lado, hay otras reacciones químicas que desprenden calor cuando se producen. Por ejemplo, el gas que se quema en la cocina produce el calor necesario para cocinar los alimentos fig. 3 .

> Una reacción es **exotérmica** si desprende calor cuando se produce.

Fig. 3 La combustión del gas es una reacción exotérmica que produce el calor necesario para que se produzcan las reacciones endotérmicas que transforman el huevo crudo en frito.

¿Cómo afectan los gactones a la velocidad de una reacción?

2.3. Velocidad de reacción

Las reacciones químicas suceden a velocidades muy diferentes. Algunas son tan lentas que parece que ni ocurren; por ejemplo, la oxidación del hierro. Otras, en cambio, tienen lugar con tal rapidez que parecen instantáneas, como las explosiones.

La velocidad depende de la naturaleza de la reacción, pero también de cómo se efectúa. Veamos algunos de los factores.

Superficie de contacto

Para quemar un trozo de madera lo mejor es fragmentarlo en virutas. Así aumenta la superficie de contacto entre la madera y las moléculas de oxígeno del aire, lo que facilita la reacción.

Cuanto mayor sea la superficie de contacto entre los reactivos, con mayor rapidez sucederá la reacción.

La carne picada se conserva mucho menos tiempo que la pieza entera.

▶ Pellets de madera. La madera se procesa en forma de pellets para emplearla como combustible en estufas y calderas.

Temperatura

Los alimentos se refrigeran o congelan para conservarlos en buen estado durante más tiempo.

A temperaturas bajas, las reacciones de descomposición son mucho más lentas, aunque siguen produciéndose.

La velocidad de una reacción química disminuye al descender la temperatura y aumenta si se incrementa.

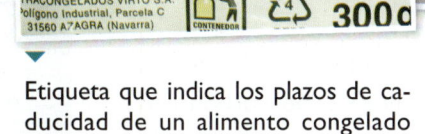

Etiqueta que indica los plazos de caducidad de un alimento congelado en función de la temperatura.

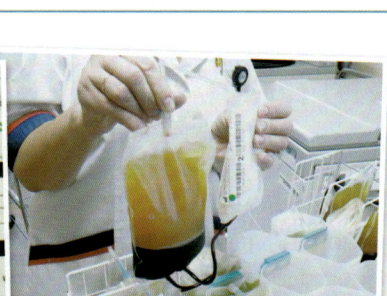

La sangre, el plasma, los tejidos biológicos y buena parte del material biomédico necesita ser conservado en frío.

Actividades

1. ✔ ¿Cómo se clasifican las reacciones químicas desde un punto de vista energético? Pon ejemplos de los diferentes tipos de reacciones.

2. ✹ Los residuos depositados en los vertederos se descomponen a ritmos diferentes. Ordena estos residuos de mayor a menor velocidad de descomposición: una hoja de papel, un trozo de carne, una botella de vidrio, una botella de plástico, una lata de refresco.

3. Explica dos factores que influyen en la velocidad de una reacción y menciona algún ejemplo.

4. ✔✹✹ El cloruro de sodio (NaCl) fundido se puede descomponer en sus elementos (cloro y sodio), por acción de la corriente eléctrica, en un proceso llamado *electrolisis*.

   a. Justifica si la descomposición del cloruro de sodio en sus elementos es un cambio físico o químico.

   b. La descomposición del cloruro de sodio, ¿es un proceso exotérmico o endotérmico? ¿Por qué?

   c. ¿Qué masa de cloro se obtiene si se parte de 100 g de cloruro de sodio y se obtienen 39,3 g de sodio?

DESCUBRE

Reacciones químicas cotidianas

Las reacciones químicas no suceden solo en los laboratorios, sino que las encontramos por todas partes. Son reacciones químicas la respiración celular, las transformaciones que explican el funcionamiento de las pilas eléctricas o los cambios que experimentan los alimentos al ser cocinados. Veamos algunas.

@ Amplía en la Red...

Reacciones químicas vistas con microscopio:
www.tiching.com/744252

A CALOR PARA COCINAR Y CALEFACCIÓN ✅

El uso del fuego se generalizó hace unos doscientos mil años, aunque hay evidencias de hogueras mucho más antiguas.

La madera fue el primer material que los seres humanos quemamos para cocinar y calentarnos. En la actualidad seguimos utilizando cotidianamente esta reacción, aunque hemos ampliado los materiales que quemamos.

Las reacciones de combustión son exotérmicas y producen dióxido de carbono y agua.

Una **reacción de combustión** se produce cuando una sustancia **combustible** (madera, carbón, gas natural, butano…) reacciona con una sustancia **comburente**, normalmente el oxígeno del aire.

B EL PROBLEMA DEL CO_2

El dióxido de carbono es un gas necesario para la vida porque las plantas y las algas lo emplean para fabricar, mediante la **fotosíntesis**, las sustancias que necesitan. Todos los seres vivos del planeta nos beneficiamos de ello porque las plantas y las algas son el inicio de la cadena alimentaria.

En los últimos años se quema cada vez más carbón y petróleo. La producción de dióxido de carbono es tan acelerada que el planeta no puede absorberlo por los mecanismos naturales, de manera que el exceso se acumula en la atmósfera.

Este aumento de la concentración de dióxido de carbono en la atmósfera tiene efectos sobre el clima ya que es un gas que absorbe el calor, y por ello está aumentando la temperatura media del planeta.

La comunidad científica tiene evidencias de que ese calentamiento está provocando un cambio climático que afecta a personas y ecosistemas.

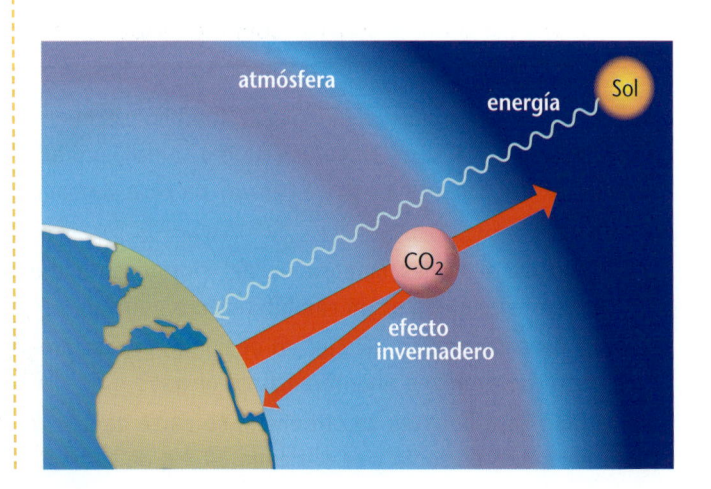

C PILAS Y BATERÍAS

Teléfonos móviles, ordenadores portátiles, tabletas… Vivimos rodeados de una gran variedad de dispositivos electrónicos portátiles que necesitan energía eléctrica para funcionar.

Las pilas y baterías eléctricas contienen sustancias químicas que, al reaccionar, mediante un tipo de reacciones químicas llamadas **redox**, producen corriente eléctrica. Al-

gunas reacciones de este tipo son reversibles (pueden regenerarse los reactivos), lo que permite construir pilas recargables.

Los reactivos de las pilas contienen metales: cinc, mercurio, plomo, cadmio… que son muy tóxicos para las personas y el medioambiente. Por eso las pilas gastadas deben depositarse en contenedores especiales, para que se les pueda dar el tratamiento adecuado.

D OXIDACIÓN DE LOS METALES

Los metales reaccionan con el oxígeno del aire y se recubren con los productos de esa reacción.

El hierro, el metal más empleado, se oxida muy fácilmente, sobre todo si en el ambiente hay agua. La oxidación del hierro comienza en la superficie, pero se extiende al interior del metal porque la capa de óxido que se forma es muy porosa.

Para evitar la oxidación, el hierro se tiene que recubrir con materiales como pinturas impermeables u otros metales cuyos óxidos no sean porosos.

Por ejemplo, la hojalata se fabrica con láminas de hierro recubiertas de estaño.

E BENGALAS DE ESTRELLAS

Las bengalas que emiten chispazos de estrellas al quemarse están hechas de pólvora aglutinada con goma y recubiertas de polvo de hierro.

Por la acción del calor, un componente de la pólvora se descompone desprendiendo oxígeno. Además, como la temperatura es alta y el hierro está en forma de polvo, la reacción de oxidación del hierro se acelera de manera que llega a ser tan rápida y luminosa como una combustión. Las estrellas que se desprenden de las bengalas son los pequeños granos de hierro que se queman.

F PRODUCTOS DE LIMPIEZA DEL HOGAR

Hay una gran variedad de productos que se emplean en la limpieza del hogar: detergentes sólidos o líquidos, limpiacristales, lejía, salfumán… Son mezclas de sustancias que eliminan la suciedad por disolución o por reacción química.

Los productos más suaves, como los jabones o los limpiacristales, limpian las grasas por disolución; pero los más enérgicos, como la lejía o el salfumán, contienen sustancias químicas que reaccionan con las sustancias de la suciedad y las destruyen.

Los desatascadores de desagües y tuberías son soluciones concentradas de sustancias muy corrosivas como hidróxido de sodio o ácido sulfúrico.

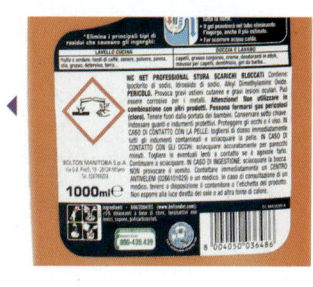

Evidencias de la reacción química

Las reacciones químicas suceden a nivel atómico-molecular y, por tanto, no se pueden ver directamente.

Sin embargo, muchas veces se producen cambios observables que permiten deducir que ha sucedido.

A. PRODUCIR UN GAS EN LA REACCIÓN

Producción de dióxido de carbono por reacción entre bicarbonato y vinagre

1. Introduce 20 mL de vinagre dentro del matraz.

2. Pon unos 5 g de bicarbonato en el interior del globo.

3. Acopla el globo en la embocadura del matraz con cuidado para no dejar caer bicarbonato dentro del matraz durante el proceso.

4. Una vez está bien sujeto el globo a la boca del matraz, deja caer el bicarbonato dentro del matraz para que reaccione con el vinagre.

5. Describe qué sucede cuando mezclas el bicarbonato con el vinagre.

La reacción es: bicarbonato (s) + vinagre (aq) → acetato de sodio (aq) + agua (l) + dióxido de carbono (g)

Material

- Hidrogenocarbonato de sodio (bicarbonato comercial)
- Vinagre
- Matraz de 250 mL
- Globo

Preguntas

1. ¿En qué estado físico se encuentran los reactivos y los productos de esta reacción?

2. ¿Qué hay dentro del globo al final del experimento?

B. FORMAR UNA SUSTANCIA INSOLUBLE

Producción de dióxido de carbono en la respiración

1. Pon unos 100 mL de agua de cal en el vaso de precipitados.

2. Introduce la pajita dentro del agua de cal y sopla con cuidado para que se produzca un burbujeo, pero evitando que salpique. Repite la operación unas cuantas veces.

3. La solución se enturbia porque el aire que expulsas al respirar contiene dióxido de carbono, producto de la **oxidación bioquímica** de los alimentos. Este gas reacciona con el hidróxido de calcio produciendo carbonato de calcio, sustancia insoluble que da lugar a la turbidez del agua.

La reacción es: hidróxido de calcio (aq) + dióxido de carbono (g) → carbonato de calcio (s) + agua (l)

Material

- Agua de cal (solución saturada de hidróxido de calcio)
- Vaso de precipitados de 250 mL
- Pajita de refresco

Preguntas

1. ¿La masa del contenido del vaso aumentará, disminuirá o se quedará igual?

C. CAMBIAR LA TEXTURA DE UNA SUSTANCIA

Huevo cocido en alcohol

1. Casca uno de los huevos y échalo en uno de los vasos de precipitados.

2. Vierte el alcohol sobre el huevo hasta que lo cubra. Déjalo actuar al menos durante un hora. Se produce una reacción denominada **desnaturalización** de las proteínas, un cambio de estructura que hace más rígidas las moléculas y de ahí el cambio de textura.

3. Toma el otro huevo y bátelo enérgicamente como si fueses a preparar una tortilla. Una vez batido, añade el alcohol y mézclalo bien. Deja reposar y observa qué ha sucedido después de un rato.

Material

- Etanol (alcohol farmacéutico)
- Dos huevos crudos
- Dos vasos de precipitados de 250 mL

Preguntas

1. Al cabo de unos minutos de verter el alcohol, observarás los primeros cambios. ¿Por qué dejamos que actúe al menos 1 h?

2. Cuando se emplea huevo batido, ¿qué diferencia se aprecia respecto al primer experimento? ¿Cómo justificas lo observado?

D. CAMBIAR EL COLOR

Tinta invisible

Para esta práctica necesitarás papel de filtro, pincel y diversas sustancias: zumo de limón, solución de sal, solución de azúcar, vinagre...

1. Toma un pincel fino, mójalo con el zumo de limón como si fuese tinta y escribe un mensaje sobre un papel de filtro.

2. Deja secar el papel al aire y el mensaje dejará de ser visible.

3. Sujeta el papel con una pinza de madera y acércalo a la parte superior de la llama de una vela o de un bunsen. Hazlo con cuidado para no quemar el papel. El mensaje se revela tomando un color pardo debido a la oxidación de las sustancias disueltas en el zumo del limón.

4. Repite el experimento con disoluciones de otras sustancias. Describe lo que sucede en cada caso.

Actividades

1. El vinagre es una disolución acuosa de ácido acético. Busca en la etiqueta su concentración.

2. ¿Por qué necesitamos respirar?

3. ✓ⒶⒷⒸ ¿La oxidación de los alimentos es un proceso exotérmico o endotérmico? Cita alguna evidencia que fundamente tu respuesta.

4. ✓ La desnaturalización de las proteínas de los alimentos se consigue normalmente por calentamiento. ¿Qué tipo de proceso es la desnaturalización de las proteínas, exotérmico o endotérmico?

5. ✓ⒶⒶ Explica las diferencias en el ensayo de la tinta invisible según la sustancia ensayada.

5 El ciclo de los materiales

5.1. Recursos naturales

Un **recurso natural** es aquel bien material que proporciona la naturaleza y que es valioso para las personas por contribuir directa o indirectamente a su bienestar.

Algunos de los recursos naturales más importantes son el agua, la tierra, la energía solar, la madera, el petróleo, los minerales…

Los recursos naturales normalmente se someten a transformaciones físicas y químicas para hacerlos más aprovechables.

Una **materia prima** es un recurso que se transforma para obtener materiales más elaborados.

Los productos obtenidos de las materias primas suelen ser materiales de partida de otros productos. La secuencia de transformaciones físicas y químicas de esos productos intermedios, (los **productos de proceso**) continúa hasta obtener los productos acabados y listos para ser usados: los **bienes de consumo** fig. 1 .

Recursos renovables y no renovables

Los recursos naturales se clasifican según su capacidad de renovación:

- Un **recurso renovable** se repone al medioambiente en periodos cortos de tiempo.

  Por ejemplo, la energía solar, porque, se aproveche o no, cada día llega a la Tierra la misma cantidad.

- Un **recurso no renovable** es aquel que no se repone al medioambiente o, si lo hace, es a un ritmo tan lento que puede considerarse inapreciable a escala temporal humana.

  Por ejemplo, el petróleo, porque su generación requiere millones de años.

Fig. 1 Diagrama del proceso de fabricación de tuberías de plástico PVC.

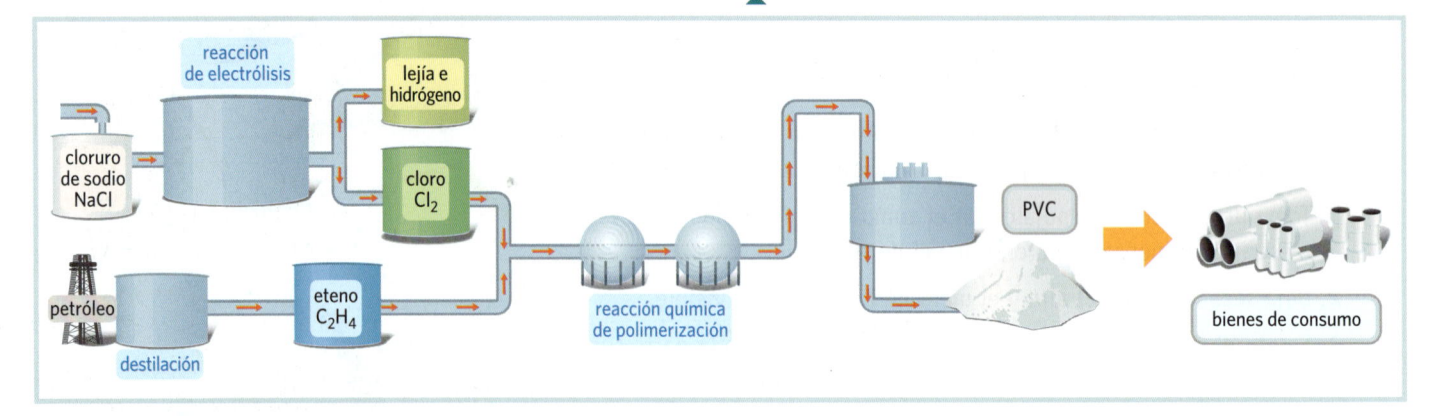

5.2. Ciclo de vida de los materiales

El **ciclo de vida de un material** queda establecido cuando se identifican y describen con detalle todas las etapas que conducen a su obtención a partir de sus materias primas, la producción de bienes de consumo con dicho material y la gestión de los residuos.

El ciclo de vida ideal de un material es un ciclo totalmente cerrado en el cual se aprovechan como materias primas todos los desechos de los productos en desuso fig. 2 .

Fig. 2 Ciclo de vida ideal de un material. ◀

LA REGLA DE LAS TRES R

El modelo de desarrollo económico y de consumo adoptado por las sociedades más avanzadas tecnológicamente, unido el aumento de la población mundial, está conduciendo al planeta a una situación de agotamiento de recursos naturales y degradación acelerada del medioambiente.

Las tres erres (RRR) son unas reglas muy simples y fáciles de aplicar, dirigidas especialmente a los consumidores para que con su actuación cotidiana se reduzcan las consecuencias indeseables de un modelo de desarrollo claramente insostenible.

@ Amplía en la Red...

Aprende a reciclar con el juego del reciclaje en:

www.tiching.com/744253

Reducir

La reducción en el consumo de productos tiene un efecto directo de ahorro, tanto de dinero para los consumidores como de recursos naturales para el planeta.

Existe además un beneficio indirecto porque se fabrican menos productos y se disminuye la contaminación asociada desde la fase de fabricación hasta que son desechados.

Reciclar

El reciclaje consiste en recuperar los materiales de los productos que se tiran a la basura para emplearlos de nuevo como materias primas.

Esto se traduce en un importante ahorro de recursos y en una disminución del volumen de basura depositada en los vertederos. Una consecuencia inmediata es la reducción de los problemas medioambientales que estas instalaciones generan.

Reutilizar

La reutilización de los productos los hace útiles durante más tiempo y reduce la necesidad de consumir un producto similar.

Para alargar la vida de un producto debemos cuidarlo, mantenerlo y repararlo. También se debe favorecer la compra y venta de productos de segunda mano.

Otra manera de alargar la vida útil de un objeto es darle un uso diferente al que tenía. Por ejemplo, una botella puede convertirse en un florero o una lata de refresco en un portalápices.

Si aún no lo tienes, **pídelo ahora**

beira vidrio · ontziak envases · papera papel

El multicontenedor de doble uso

sirve para reciclar y... **para ir a la compra**

Actividades

1. 😊@ Observa el proceso de fabricación del PVC `fig. 1` y responde:

   a. ¿Cuáles son las materias primas utilizadas?

   b. ¿Qué productos de proceso se emplean?

   c. ¿Qué otras sustancias se obtienen en el proceso?

   d. Cita bienes de consumo fabricados con PVC.

   e. ¿Qué se hace con los objetos de PVC cuando ya no se utilizan?

2. ¿Por qué un ciclo de vida ideal sería uno totalmente cerrado?

3. ✓😊 ¿Qué es un recurso renovable? ¿Y no renovable? Pon ejemplos de cada tipo.

4. 😊😊😊 Formad grupos de cuatro o cinco personas. Cada persona expondrá qué hacen en su casa para cumplir la regla de las tres R y luego el grupo elaborará un informe que recoja las diferentes posibilidades.

Los materiales de nuestro entorno

Los seres humanos siempre han aprovechado los recursos naturales disponibles para obtener materiales que facilitan la vida.

En la actualidad, el número de materiales que empleamos es inmenso y no deja de crecer.

A METALES Y ALEACIONES

Se obtienen de los minerales, compuestos naturales de los metales, aunque unos pocos se encuentran en estado nativo, es decir, como elementos sin combinar.

Aleaciones	Principales componentes
Acero	Hierro y carbono
Bronce	Cobre y estaño
Latón	Cobre y cinc
Alpaca	Cinc, cobre y níquel
Oro blanco	Oro y plata, paladio o níquel
Constantán	Cobre y níquel
Magal	Magnesio y aluminio
Nicrom	Níquel y cromo
Peltre	Estaño, cobre, antimonio y plomo

Propiedades

- Buenos conductores eléctricos y térmicos
- Elevados puntos de fusión y ebullición
- Duros y resistentes
- Maleables y dúctiles

Aplicaciones

- Herramientas
- Maquinaria
- Hilo eléctrico
- Tuberías

B PLÁSTICOS

La mayoría de los plásticos se obtienen a partir de sustancias que hay en el petróleo.

Propiedades

- Aislantes eléctricos y térmicos
- Ligeros
- Resistentes
- Elásticos
- Moldeables

Aplicaciones

- Menaje
- Tejidos
- Muebles
- Tubos
- Envases

Plásticos	Símbolo
Polietilentereftalato (PET)	1
Polietileno de alta densidad (HDPE)	2
Cloruro de polivinilo (PVC)	3
Polietileno de baja densidad (LDPE)	4
Polipropileno (PP)	5
Poliestireno (PS)	6

C VIDRIO

Se obtiene por calentamiento hasta la fusión de materiales de origen mineral: arena de sílice (SiO_2), carbonato de sodio (Na_2CO_3) y carbonato de calcio ($CaCO_3$).

Los vidrios especiales contienen diferentes componentes que mejoran sus propiedades.

Vidrios especiales	Componente	Propiedad
Cristal de plomo	Plomo	Denso y transparente
Borosilicato (Pyrex)	Boro y aluminio	Resistente a los cambios bruscos de temperatura

Propiedades

- Aislantes eléctricos y térmicos
- Densos
- Resistentes
- Frágiles
- Duros

Aplicaciones

- Menaje
- Botellas
- Ventanas
- Lentes

D PAPEL Y CARTÓN

Se fabrican a partir de pulpa de celulosa obtenida de la madera.

Las fibras de celulosa se mezclan con sustancias minerales y aglutinantes que dan consistencia al material.

Propiedades

- Ligeros
- Poco densos
- Moldeables

Aplicaciones

- Libros y prensa
- Embalajes
- Envases
- Libretas
- Higiene

E NUEVOS MATERIALES

Bioplásticos: materiales fabricados a partir de recursos renovables (por ejemplo, almidón o celulosa).

Tienen las mismas cualidades que los plásticos obtenidos del petróleo, pero con la ventaja de ser biodegradables, es decir, que sirven de alimento a microorganismos que los descomponen fácilmente dando sustancias inocuas para el medioambiente.

Fibra óptica: hilos de un vidrio especial muy puro de silicio con pequeñas cantidades de germanio y fósforo. Transmiten la luz igual que los cables eléctricos conducen la electricidad. Se usan en redes informáticas y telecomunicaciones.

Siliconas: materiales parecidos a los plásticos pero que contienen silicio y oxígeno en lugar de carbono, y por eso son mucho más resistentes física y químicamente. Se usan para revestimientos exteriores, sellar grietas, fabricación de prótesis, etc.

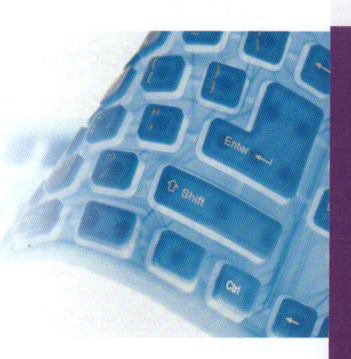

Actividades

1. Copia y relaciona en tu cuaderno cada producto de la lista (a) con el recurso del que procede (A).

Productos:

a. Gas butano	f. Oxígeno	k. Cartón
b. Hierro	g. Diamantes	l. Madera
c. Gasolina	h. Papel	m. Mercurio
d. Sal de cocina	i. Cuero	n. Algodón
e. Plástico	j. Vidrio	o. Corcho

Recursos:

A. Petróleo, carbón y gas natural	C. Seres vivos
B. Minerales	D. Aire
	E. Agua del mar

1 Trabaja. Cambios físicos y químicos ✔

Clasifica estas transformaciones según sean cambios físicos o químicos:

a) Freír una hamburguesa.

b) Quemar un papel.

c) Evaporación de la colonia al contacto con la piel.

d) Putrefacción de los alimentos.

e) Explosión de un petardo.

f) Oxidación de una llave de hierro.

g) Formación de hielo en la calzada de una carretera.

h) Combustión de la gasolina en el interior de un motor.

i) Disolución de sal en agua.

j) Oscurecimiento de una manzana cortada cuando se deja al aire.

k) Obtención de aceite por prensado en frío en una almazara.

l) Descomposición de la sal común en cloro y sodio mediante energía eléctrica.

m) Fermentación del mosto para obtener vino.

n) Obtención de vinagre por agriado del vino.

o) Fabricación de tejido a partir de hilo de seda.

2 Representa. Cambio químico ✔

El metano (CH_4) es el principal componente del gas natural, el combustible doméstico más habitual. Su combustión con oxígeno (O_2) produce dióxido de carbono (CO_2) y agua (H_2O). A continuación puedes observar la representación atómico-molecular inacabada. Cópiala en tu libreta y complétala siguiendo estas pautas:

a) Identifica el código de colores con que están representados los átomos de carbono, de hidrógeno y de oxígeno y completa la leyenda situada a la derecha.

b) No hay el mismo número de átomos en los reactivos que en los productos. Como siempre se cumple la ley de conservación de la masa, dibuja las moléculas que faltan en los productos.

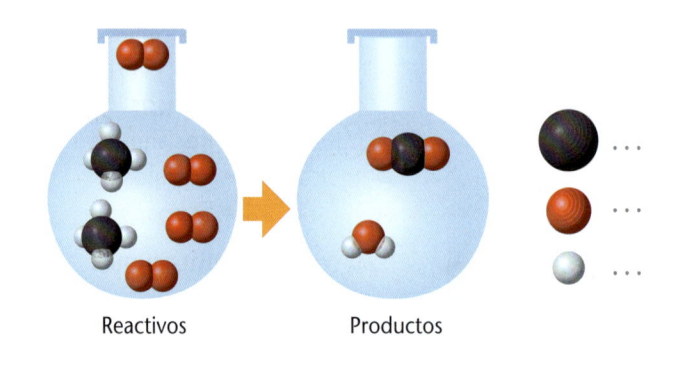

Reactivos   Productos

3 Experimenta. La oxidación del hierro ✔

Una clase lleva a cabo un experimento para determinar las causas de la oxidación del hierro. Para ello cogen cuatro clavos de hierro corriente (no inoxidable) y los limpian con jabón para quitar cualquier película de grasa. Después los secan. Toman cuatro tubos de ensayo (A, B, C, D) y los preparan como se indica a la derecha.

Dejan pasar unos días y valoran el grado de oxidación experimentado por cada clavo. Los resultados son:

Tubo A	Tubo B	Tubo C	Tubo D
No se aprecia oxidación	Está bastante oxidado	Está algo oxidado	No se aprecia oxidación

a) ¿Por qué limpiaron con jabón los clavos antes de emplearlos?

b) ¿Con qué elemento se combina el hierro cuando se oxida?

c) ¿Qué condiciones facilitan la oxidación del hierro?

d) ¿Por qué la oxidación es mayor en el tubo B que en el C?

e) ¿Por qué no se aprecia oxidación en los tubos A y D?

Tubo A
Pusieron solo un clavo de hierro.

Tubo B
Pusieron agua y un clavo de hierro.

Tubo C
Pusieron agua recién hervida y un clavo de hierro.

Tubo D
Pusieron agua recién hervida, aceite y un clavo de hierro.

4 Investiga. **La combustión**

Seguramente piensas que una vela encendida es algo muy simple: se quema la cera y poco más. Sin embargo, en ese fenómeno suceden procesos que puedes descubrir con una observación atenta y reflexiva.

Un grupo de alumnos y alumnas se propone estudiar el fenómeno de la combustión que sucede en una vela y para ello llevan a cabo el siguiente procedimiento experimental:

a) Para **reconocer los cambios físicos** que tienen lugar en una vela encendida deciden que primero deben esforzarse en ver lo que sucede.

   Préstales tu ayuda y describe con palabras lo que veas en una vela encendida:
   - Partes de la vela.
   - Estado físico de los materiales antes y después de encenderse...

b) Después de ver el fenómeno, llega el momento de **interpretar** lo que se ha visto. Explica los cambios físicos que tienen lugar en una vela encendida.

c) El cambio químico que sucede es la combustión de la cera pero, ¿realmente es así de simple? Para comprobarlo, efectúan el siguiente experimento:

> Ponen un trozo de cera sin mecha en un plato e intentan que prenda acercando una cerilla encendida. Lo único que consiguen es que la cera se funda un poco.

Un alumno del grupo, Miguel, propone la siguiente explicación para interpretar el experimento:

> Lo que se quema realmente es la mecha y no la cera. Lo único que hace la cera es sostener la mecha. La cera desaparece porque se vaporiza en gas por el calor que se desprende al quemar la mecha.

- ¿Qué opinas de esta explicación?
- ¿Cómo se podría demostrar experimentalmente que es falsa?

d) Lucía propone otra explicación.

> Lo que se quema es la cera transformada en gas. La mecha facilita la combustión porque está formada por fibras huecas que conducen el gas y ayudan a mezclarlo con el aire.

- ¿Cómo se explica que la cera arda mucho más en estado gas que sólida?

e) Para apagar una vela basta con soplarla, pero es necesario soplar fuerte porque, si lo haces flojito, avivarás aún más la llama.
- ¿Por qué se aviva la llama cuando soplas flojo?
- ¿Cómo puede justificarse que una vela se apague soplando fuerte según la explicación de Lucía?

5 Lee y responde. Los recursos naturales

Lee el texto sobre el agotamiento de los recursos naturales y responde a las cuestiones:

El agotamiento de los recursos naturales es un problema que concierne a la sociedad en general.

Su solución es principalmente responsabilidad de los gobiernos y las grandes corporaciones, pero no hay que olvidar el papel esencial que la ciudadanía debe asumir al respecto.

Esta responsabilidad es doble:

– En primer lugar es necesario exigir a los poderes políticos y económicos que tomen decisiones concretas para resolver el problema.

– En segundo lugar, en nuestra vida cotidiana podemos hacer muchas pequeñas acciones que, sumadas, se traduzcan en grandes efectos. Por ejemplo:

• Caminar, ir en bicicleta y emplear transportes públicos.

• Consumir productos agrícolas y ganaderos de proximidad.

• Aplicar las reglas del consumo responsable: reducir, reutilizar y reciclar.

a) La actuación de los gobiernos se extiende a nivel central, autonómico y local. Pon ejemplos de actuaciones que podrían corresponder a cada uno.

b) ¿Qué mecanismos permiten a los ciudadanos influir en los gobiernos? ¿Y en las grandes corporaciones económicas?

c) Supón que eres responsable municipal de movilidad pública. Explica algunas medidas que fomenten el uso de la bicicleta o el transporte público para ir a la escuela.

d) ¿Qué beneficios aporta el consumo de productos agrícolas y ganaderos de proximidad?

e) ¿Qué medidas de las reglas de las tres R aplicas regularmente en tu vida cotidiana?

6 Investiga y responde. El ciclo del papel

A la derecha tienes el ciclo de la vida del papel.

a) Copia el diagrama en tu cuaderno y complétalo colocando los bloques de texto explicativos donde correspondan.

b) ¿Es cerrado el ciclo del papel que aparece en el diagrama? Justifica la respuesta.

c) En la siguiente animación informática te explican el significado de una serie de pictogramas relacionados con el reciclaje:

www.tiching.com/744254

Identifica y dibuja aquellos que se pueden encontrar en productos de papel y cartón y explica su significado.

d) Elabora una lista de productos que contengan papel como componente principal y que tengas en casa. Busca en los envoltorios qué pictogramas relacionados con el reciclaje llevan impresos.

Fabricación de la pulpa de celulosa a partir de madera o papel reciclado.

Consumo de papel: prensa, embalaje, higiénico...

Recogida selectiva para reciclaje.

Fabricación del papel.

Tala de árboles.

Residuo no reciclable por estar muy manchado o de uso higiénico.

Síntesis. Transformación de la materia

Cambios en la materia

✔ Un **cambio físico** sucede cuando una sustancia experimenta alguna transformación que altera su apariencia pero no su naturaleza química.

✔ Un **cambio químico** o **reacción térmica** sucede cuando una sustancia experimenta una transformación que cambia su naturaleza química.

✔ Un cambio es **reversible** si puede producirse en ambos sentidos, e **irreversible**, si en ningún caso se pueden recuperar las sustancias iniciales.

Reacciones químicas

✔ Las sustancias que se transforman en una reacción química se denominan **reactivos**, y las sustancias que se forman, **productos**.

✔ En toda reacción química, la **masa de los reactivos** que han reaccionado es la misma que la **masa de los productos** que se han formado.

✔ Una reacción es **endotérmica** si se necesita un aporte de calor para que se produzca, y **exotérmica**, si desprende calor cuando se produce.

✔ La **velocidad** de una reacción química depende de la naturaleza de la reacción, pero también de otros factores como la **superficie de contacto** y la **temperatura**.

Recursos naturales

✔ Un **recurso natural** es un bien material que proporciona la naturaleza y que contribuye al bienestar de las personas.

✔ Un **recurso renovable** se repone al medioambiente en periodos de tiempo cortos. Un recurso **no renovable** no se repone o lo hace muy lentamente.

1 CONSOLIDA LO APRENDIDO

a) ✅ ¿Qué diferencia hay entre un cambio físico y un cambio químico?

b) ¿Qué es una reacción química?

c) ¿Qué significa que una reacción química sea irreversible? ¿Y que sea reversible?

d) ✅ ¿En qué consiste una ecuación química?

e) ¿Qué dice la ley de Lavoisier?

f) ✅ ¿Qué distingue a una reacción endotérmica de una reacción exotérmica?

g) ¿Qué factores influyen en la velocidad de reacción?

h) ¿Qué es un recurso natural? ¿Y una materia prima?

i) ¿Qué distingue a los recursos renovables de los no renovables?

j) ¿En qué consiste el ciclo de vida de los materiales?

k) ¿Qué dice la regla de las tres R?

l) ¿Qué es una aleación?

2 DEFINE CONCEPTOS CLAVE

- Cambio físico
- Reacción
- Reversibilidad
- Conservación de la masa
- Velocidad de reacción
- Calor de reacción

RESPONDE A LA PREGUNTA INICIAL

Después de haber estudiado este tema, puedes responder a la pregunta inicial:

¿Cómo cambiamos las sustancias que nos rodean?

Redacta un texto de entre 10 y 20 líneas que resuma las conclusiones a las que hayas llegado.

AFIANZA LO APRENDIDO

Para consolidar los conocimientos adquiridos, puedes efectuar las actividades propuestas en:

www.tiching.com/744955

Están preparadas en un documento en formato pdf que puedes descargarte. Al final, hallarás las soluciones.

TABLA PERIÓDICA DE LOS ELEMENTOS QUÍMICOS

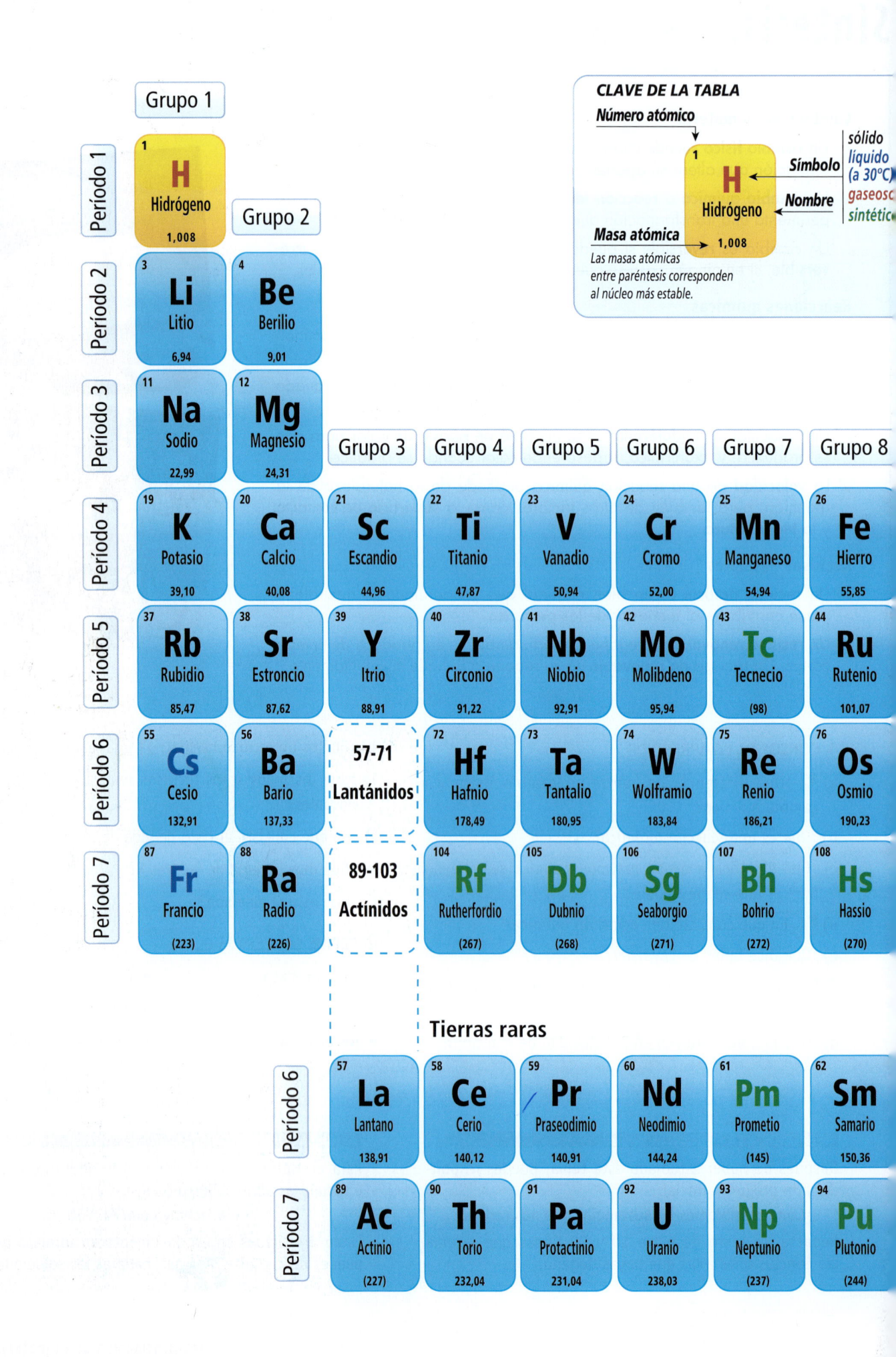

CLAVE DE LA TABLA

Número atómico → **H** (1) ← Símbolo

sólido
líquido (a 30°C)
gaseoso
sintético

Nombre → Hidrógeno

Masa atómica → 1,008

Las masas atómicas entre paréntesis corresponden al núcleo más estable.

Tierras raras

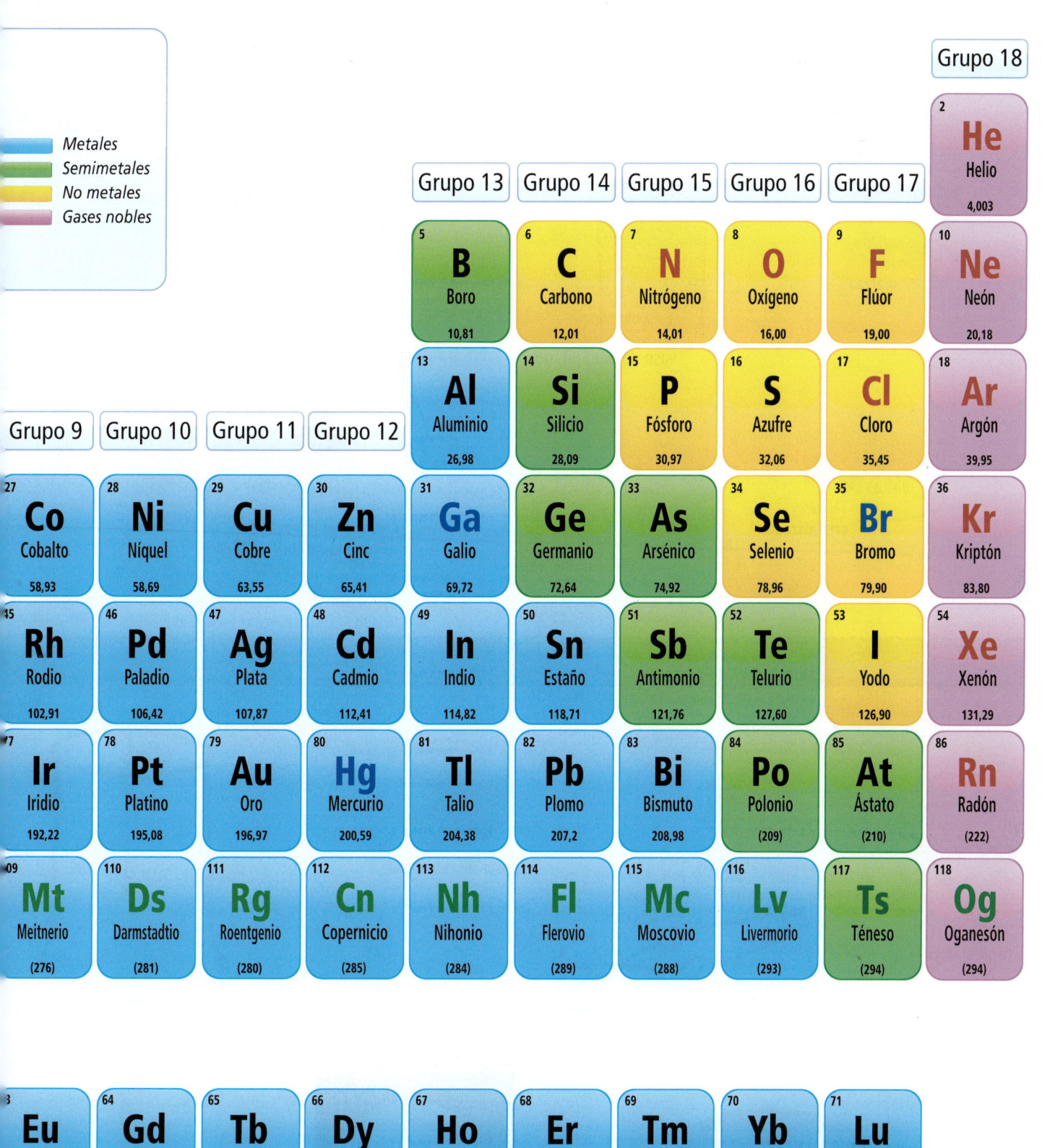

Metales
Semimetales
No metales
Gases nobles

Grupo 18

| Grupo 9 | Grupo 10 | Grupo 11 | Grupo 12 | Grupo 13 | Grupo 14 | Grupo 15 | Grupo 16 | Grupo 17 | |

2 · He · Helio · 4,003

5 · B · Boro · 10,81
6 · C · Carbono · 12,01
7 · N · Nitrógeno · 14,01
8 · O · Oxígeno · 16,00
9 · F · Flúor · 19,00
10 · Ne · Neón · 20,18

13 · Al · Aluminio · 26,98
14 · Si · Silicio · 28,09
15 · P · Fósforo · 30,97
16 · S · Azufre · 32,06
17 · Cl · Cloro · 35,45
18 · Ar · Argón · 39,95

27 · Co · Cobalto · 58,93
28 · Ni · Níquel · 58,69
29 · Cu · Cobre · 63,55
30 · Zn · Cinc · 65,41
31 · Ga · Galio · 69,72
32 · Ge · Germanio · 72,64
33 · As · Arsénico · 74,92
34 · Se · Selenio · 78,96
35 · Br · Bromo · 79,90
36 · Kr · Kriptón · 83,80

45 · Rh · Rodio · 102,91
46 · Pd · Paladio · 106,42
47 · Ag · Plata · 107,87
48 · Cd · Cadmio · 112,41
49 · In · Indio · 114,82
50 · Sn · Estaño · 118,71
51 · Sb · Antimonio · 121,76
52 · Te · Telurio · 127,60
53 · I · Yodo · 126,90
54 · Xe · Xenón · 131,29

77 · Ir · Iridio · 192,22
78 · Pt · Platino · 195,08
79 · Au · Oro · 196,97
80 · Hg · Mercurio · 200,59
81 · Tl · Talio · 204,38
82 · Pb · Plomo · 207,2
83 · Bi · Bismuto · 208,98
84 · Po · Polonio · (209)
85 · At · Ástato · (210)
86 · Rn · Radón · (222)

109 · Mt · Meitnerio · (276)
110 · Ds · Darmstadtio · (281)
111 · Rg · Roentgenio · (280)
112 · Cn · Copernicio · (285)
113 · Nh · Nihonio · (284)
114 · Fl · Flerovio · (289)
115 · Mc · Moscovio · (288)
116 · Lv · Livermorio · (293)
117 · Ts · Téneso · (294)
118 · Og · Oganesón · (294)

63 · Eu · Europio · 151,96
64 · Gd · Gadolinio · 157,25
65 · Tb · Terbio · 158,93
66 · Dy · Disprosio · 162,50
67 · Ho · Holmio · 164,93
68 · Er · Erbio · 167,26
69 · Tm · Tulio · 168,93
70 · Yb · Iterbio · 173,04
71 · Lu · Lutecio · 174,97

95 · Am · Americio · (243)
96 · Cm · Curio · (247)
97 · Bk · Berkelio · (247)
98 · Cf · Californio · (251)
99 · Es · Einstenio · (252)
100 · Fm · Fermio · (257)
101 · Md · Mendelevio · (258)
102 · No · Nobelio · (259)
103 · Lr · Laurencio · (262)

Material de laboratorio

Material para contener

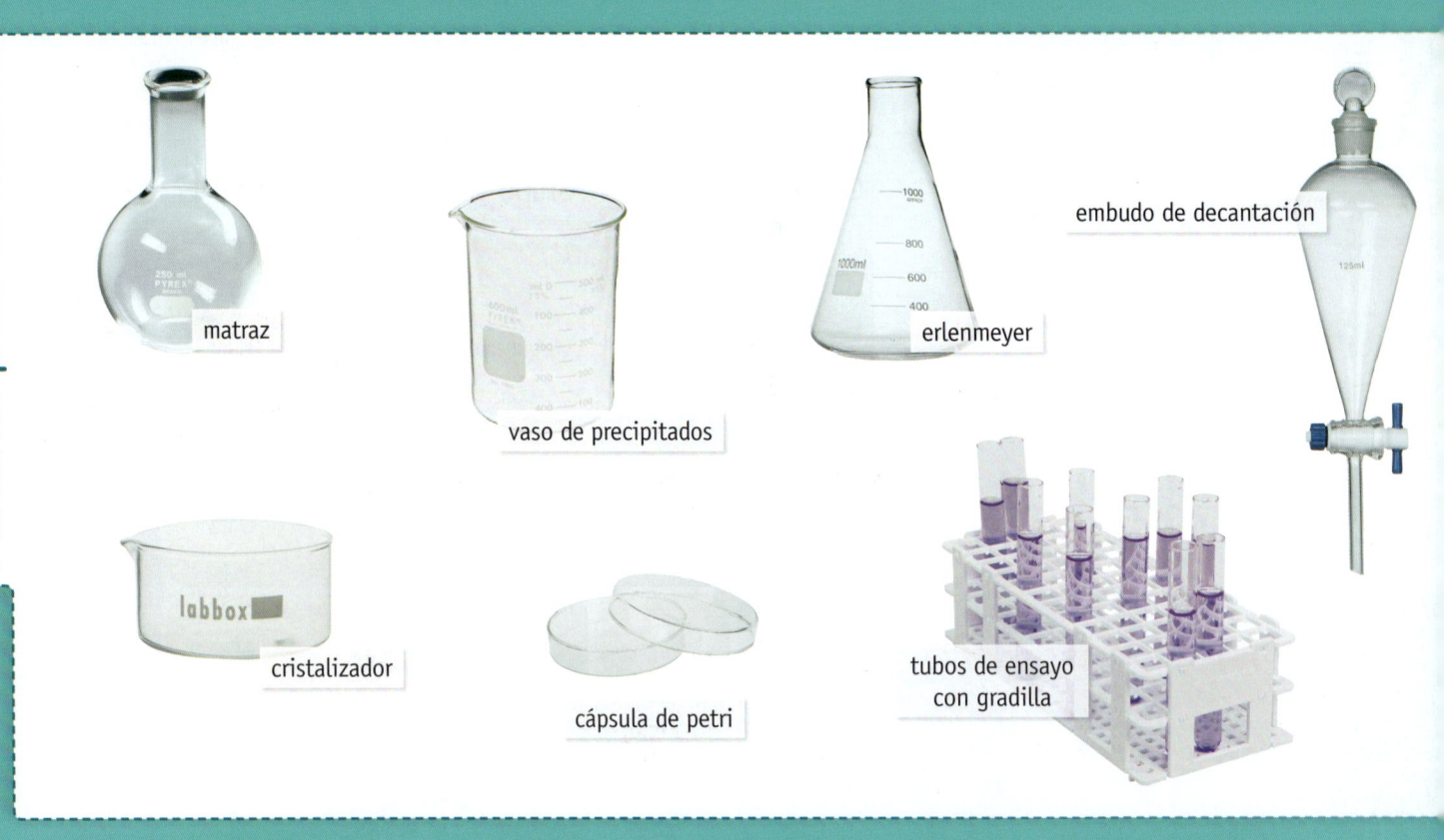

matraz

vaso de precipitados

erlenmeyer

embudo de decantación

cristalizador

cápsula de petri

tubos de ensayo con gradilla

Material para calentar

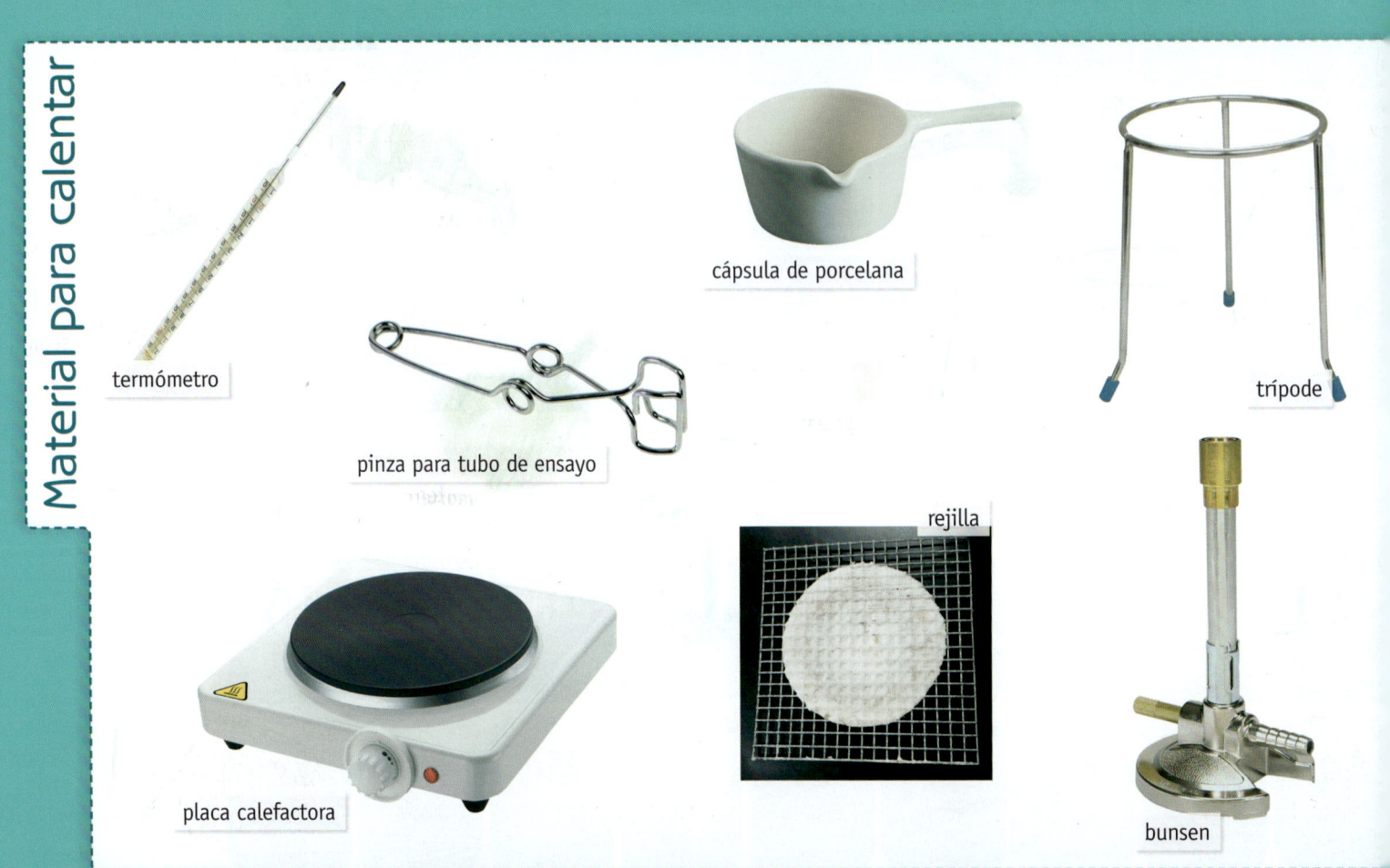

termómetro

pinza para tubo de ensayo

cápsula de porcelana

trípode

rejilla

placa calefactora

bunsen

bureta

pipetas

matraz aforado

vidrio de reloj

balanza electrónica

100ml

probeta

espátula

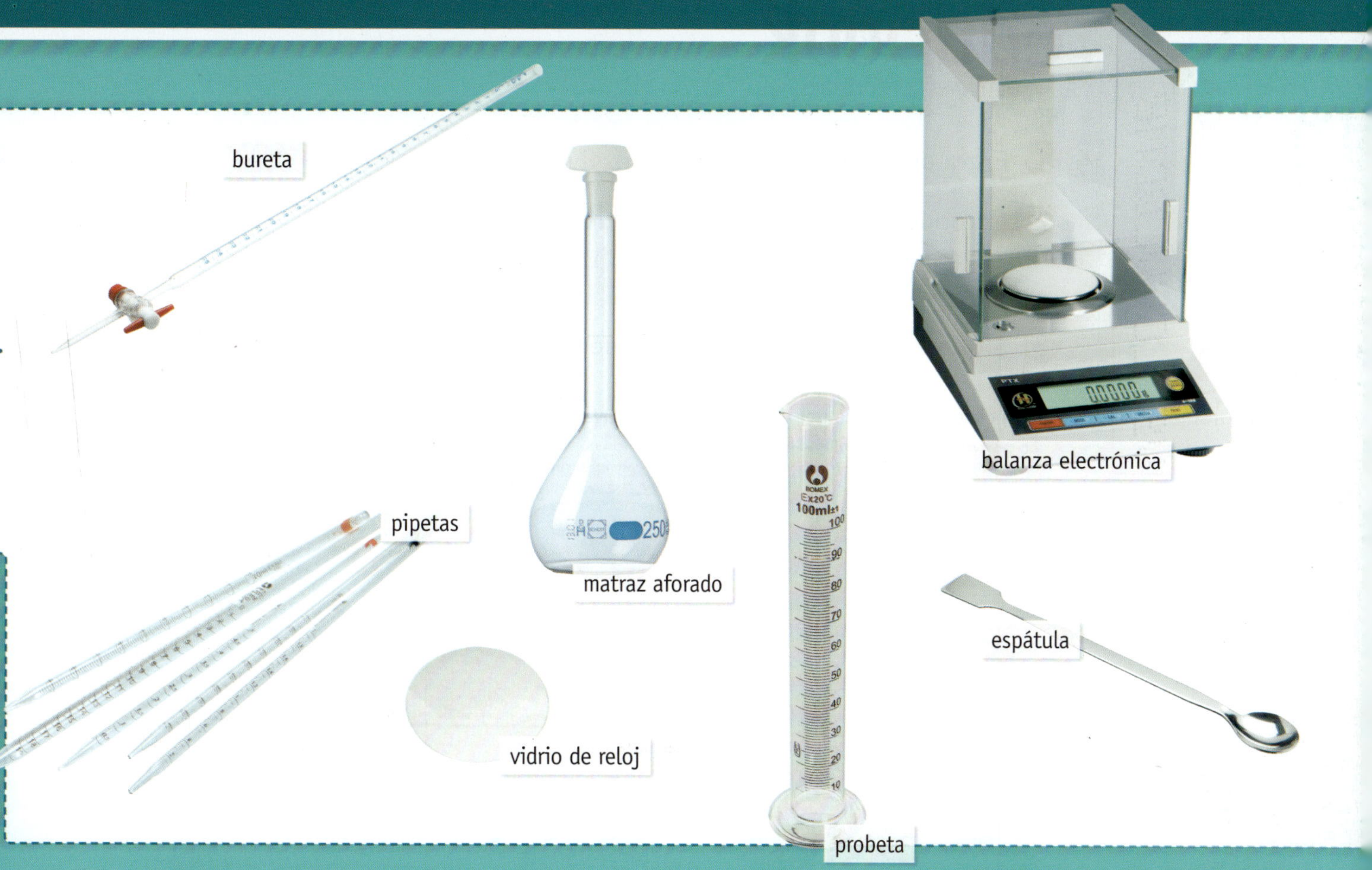

pinza

nuez

gafas de seguridad

embudo

gotero

mortero

varilla de vidrio

frasco lavador

soporte

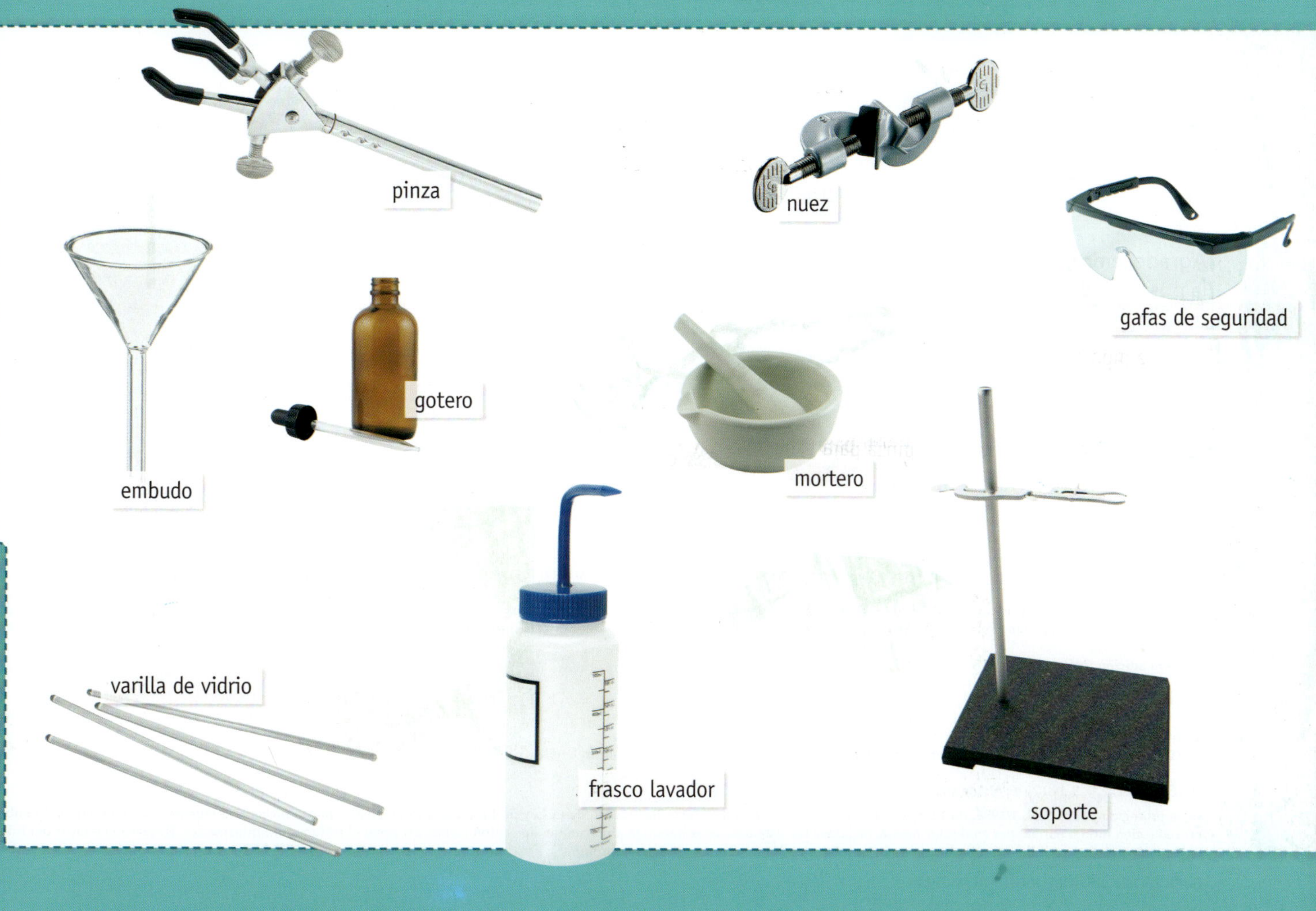

activa el aprendizaje

1 Entra en la web: edubook.vicensvives.com

2 Introduce el **código de licencia** de tu libro

Introduce tu licencia

3 **Sigue los pasos** y accede a tu cuenta de Edubook

* Licencia gratuita válida por un año desde su activación.

En caso de que la disponibilidad y activación de la licencia no sea posible por cualquier causa,
el usuario no podrá reclamar a EDUBOOK por ningún concepto relacionado con la misma.

CÓDIGO DE LICENCIA *

Agradecemos a Memorial Sloan-Kettering Cancer Center
la posibilidad de utilizar su material fotográfico (tema 1, pág. 4).

Ilustrado por: Carles Salom.

Este libro está impreso en papel ecológico reciclable y con tintas exentas de elementos pesados solubles contaminantes. Directiva Europea 88/378/UE, norma revisada EN/71.

Los editores han hecho todos los esfuerzos posibles para asegurar que las direcciones web son las correctas en el momento de la impresión de este libro y no serán responsables de cualquier variación o imprecisión en las páginas web citadas en el presente Libro. Los Titulares del © y la Editorial no serán responsables del contenido de ningún sitio web mencionado en este libro.

Primera edición, 2016

4 5 6 7